PRINCIPIO ATTIVO

Inchieste e reportage

Michele Ainis, Avventura Urbana Torino, Andrea Bajani, Gianni Barbacetto, Stefano Bartezzaghi, Oliviero Beha, Marco Belpoliti, Daniele Biacchessi, David Bidussa, Paolo Biondani, Caterina Bonvicini, Alessandra Bortolami, Giovanna Boursier, Carla Buzza, Olindo Canali, Davide Carlucci, Luigi Carrozzo, Andrea Casalegno, Carla Castellacci, Massimo Cirri, Fernando Coratelli, Pino Corrias, Gabriele D'Autilia, Andrea Di Caro, Giovanni Fasanella, Massimo Fini, Fondazione Fabrizio De André, Goffredo Fofi, Massimo Fubini, Milena Gabanelli, Vania Gaito, Mario Gerevini, Gianluigi Gherzi, Salvatore Giannella, Francesco Giavazzi, Stefano Giovanardi, Franco Giustolisi, Didi Gnocchi, Peter Gomez, Beppe Grillo, Ferdinando Imposimato, Karenfilm, Giorgio Lauro, Marco Lillo, Felice Lima, Giuseppe Lo Bianco, Carmelo Lopapa, Vittorio Malagutti, Luca Mercalli, Lucia Millazzotto, Angelo Miotto, Letizia Moizzi, Giorgio Morbello, Alberto Nerazzini, Raffaele Oriani, Sandro Orlando, Antonio Padellaro, Pietro Palladino, David Pearson (*graphic design*), Maria Perosino, Renato Pezzini, Telmo Pievani, Paola Porciello (*web editor*), Marco Preve, Rosario Priore, Emanuela Provera, Sandro Provvisionato, Luca Rastello, Marco Revelli, Gianluigi Ricuperati, Sandra Rizza, Marco Rovelli, Claudio Sabelli Fioretti, Andrea Salerno, Laura Salvai, Ferruccio Sansa, Evelina Santangelo, Michele Santoro, Roberto Saviano, Matteo Scanni, Filippo Solibello, Riccardo Staglianò, Bruno Tinti, Marco Travaglio, Carlo Zanda.

Autori e amici di
chiarelettere

“Penso che tutte
le misure sulle quali
il Parlamento
spende ogni anno
tre mesi siano
misure di consenso
non di crescita.”

Domenico Siniscalco, ex ministro dell’Economia.

PRETESTO 1

→ *pagina 65*

“Negli emendamenti alla Finanziaria, all’80 per cento deputati e senatori interpretano richieste del proprio elettorato.”

Andrea Monorchio, ex Ragioniere generale dello Stato.

“Silvio Berlusconi aveva promesso 45 miliardi di tasse in meno in cinque anni. Dopo il voto, il suo governo ha annunciato che la legislatura avrebbe portato 4,5 miliardi di tasse in più.”

PRETESTO 2

→ *pagine 15, 59*

“Una famiglia di
lavoratori dipendenti
paga allo Stato il 53
per cento di quanto
guadagna. Dalla
contabilità nazionale
risulta una pressione
fiscale media
del 43 per cento.
Ciò vuol dire che altri
pagano molto meno
del 43 per cento... Chi
può evadere, evade.”

PRETESTO 3

→ *pagina 45*

“Nella scuola e nell’università capire chi ha usato male i soldi si può... Tremonti ha proposto una soluzione spiccia: non sostituire i pensionati e congedare i precari di assunzione più recente.”

“Di ogni 100 euro che gli italiani versano allo Stato: 18 vanno a pagare gli interessi sul debito pubblico accumulato; 22,6 trasferiti a Regioni, Province, Comuni; 14,7 per il pagamento delle pensioni; 9 per la scuola; 1,8 per l’università; 5,3 per spese sociali varie; 4,1 per la difesa; 2 per l’ordine pubblico; 1,6 per la giustizia; 1,7 per i trasporti; 80 centesimi al soccorso civile; 30 per i beni culturali; 90 per la ricerca; 20 per la casa; più 5,4 euro per gli obblighi internazionali.”

PRETESTO 4

→ *pagine 25, 33*

“3000 ristoranti che risultavano non possedere cucine e frigoriferi, 360 laboratori di analisi mediche senza strumenti, 555 lavanderie senza lavatrici, 137 tassisti senza automobile...”

Alcuni dei risultati delle recenti verifiche dell’Agenzia delle Entrate.

PRETESTO 5

→ *pagina 44*

Soci: Gruppo editoriale Mauri Spagnol Spa
Lorenzo Fazio (direttore editoriale)
Sandro Parenzo
Guido Roberto Vitale (con Paolonia Immobiliare Spa)
Sede: Via Guerrazzi, 9 - Milano

ISBN 978-88-6190-043-1
Prima edizione: novembre 2008

www.chiarelettere.it
BLOG / INTERVISTE / LIBRI IN USCITA

Stefano Lepri

La Finanziaria siamo noi

chiarelettere

Stefano Lepri (Firenze 1950) nel Sessantotto ha cominciato a pensare che l'economia poteva essere utile a capire meglio la politica; ma si è laureato in filosofia. Fa il giornalista dal 1974; lavora a «La Stampa», nella redazione romana, dal 1981. Le leggi finanziarie le ha viste tutte da vicino, dal 1978 in poi. Ha seguito la nascita dell'euro, e molti vertici dove i potenti del mondo facevano finta di governare la globalizzazione. Scrive di Banca d'Italia e di Banca centrale europea. Dal 2000 al 2003 ha curato la rivista «Global FP», edizione italiana di «Foreign Policy». Dal 2004 tiene corsi di giornalismo economico all'Università di Roma 1. Ogni tanto vorrebbe che arrivasse il giorno sognato da Keynes in cui «l'economia prenderà il posto di seconda fila che le spetta, e l'arena dei sentimenti e delle idee sarà occupata dai problemi davvero importanti».

Sommario

LA FINANZIARIA
SIAMO NOI

I conti dello Stato, i soldi dei cittadini

Da settembre a dicembre di ogni anno i giornali italiani dedicano pagine e pagine a un *feuilleton* che tiene i cittadini con il fiato sospeso, ha scritto con ironia un corrispondente straniero. Si chiama «Legge finanziaria». C'è in tutti i paesi una legge annuale che governa i conti dello Stato; solo da noi suscita passioni così intense e soprattutto così diffuse.

Un documento che dovrebbe definire la strategia del governo in tema di entrate, ovvero tasse da pagare, e di spese, ovvero servizi da offrire, a 57 milioni di abitanti, inanella prescrizioni minute, si appesantisce di mance e di favori, viene inzeppato di norme che a volte riguardano poche decine di persone. Diventa lo specchio di un paese dove il senso dell'interesse collettivo latita e si va all'assalto del denaro pubblico in nome di una miriade di interessi privati. Nelle aule di Montecitorio e di palazzo Madama si inscena il *suq* d'autunno, ovvero il grande mercato degli emendamenti, ufficialmente chiamato «sessione di bilancio». Vi si ritrovano tutte le clientele, le lobby e i gruppi di interesse che, inserendo qualche comma scritto da loro, vogliono dimostrare di tenere in mano il potere reale del paese.

Per i nuovi arrivati della politica, la prima cosa da capire entrando nel *suq*, e la più difficile, è chi conta e chi no. Non si può infatti negoziare se non si sa quanto spago dare alle disparate richieste che arrivano. Ci sono alcuni, pochissimi, che se chiedono 100, occorre dargli almeno 50 (milioni di euro, nel caso); altri a cui si può dare 20, facendoglieli penare; altri ancora che se ne andranno via contenti con 10 o con 5; moltissimi che provano a chiedere ma sanno bene che non gli toccherà nulla, salvo colpi di fortuna. Quanto pesa un deputato o un senatore dipende dal partito, dalle amicizie, dagli agganci con questo o quel potere, magari rappresentato fisicamente dai lobbisti che attendono in corridoio.

Così si spartiscono i soldi dello Stato. Come in un *suq* d'Oriente, appunto, dove il bottegaio cerca subito di capire, dal vestito e dall'accento, quale sia la nazionalità del turista che si avvicina alle sue merci: perché con gli italiani si mercanteggia in un modo, con i tedeschi in un altro, con gli americani in un altro ancora; un «allora non se ne fa niente» alcuni lo prenderanno sul serio e gireranno sui tacchi, altri no. Così pure in Parlamento la minaccia ultima, «allora il nostro gruppo si dissocia», è suonata perentoria in alcune bocche, risibile in altre.

Nel deprimente spettacolo autunnale delle leggi finanziarie si è vista, per anni, tutta la crisi della nostra politica. Governanti e parlamentari hanno inseguito sgangheratamente il consenso del paese senza riuscire a dargli degli obiettivi. Da una parte si sosteneva che occorreva fare sacrifici, dall'altra si riusciva sempre a trovare qualche soldo per gli amici o per chi strillava molto forte. C'è sempre un contentino per la Confindustria e uno per i sindacati, uno per il Nord e uno per il Sud, uno per i lavoratori dipendenti e uno per i lavoratori autonomi, per la pianura e per la montagna, per le grandi città e per le campagne, per i giovani e per i vecchi, per chi possiede la casa e per chi la affitta, e così via enumerando.

Questo libro è un viaggio attraverso i poteri forti che controllano l'Italia, sempre in prima linea quando c'è da definire l'agenda politica.

Resistenza e faccia tosta

Per partecipare al *suq* occorre possedere qualità particolari. La prima è la resistenza fisica, come si è visto nella discussione della manovra 2008. Bastava guardarli, i personaggi che uscivano dalla Sala del Mappamondo, la sera di sabato 8 dicembre 2007, giorno dell'Immacolata. Nel grande palazzo semideserto per la giornata festiva, dopo due notti in bianco e tre giornate campali, in un alternarsi di negoziati informali e di sedute della commissione bilancio, la lunghezza della barba, dato che si trattava per la maggior parte di uomini, indicava quanto assiduo era stato l'impegno. Chi non aveva avuto nemmeno un minuto di tempo per andare a rassettarsi, e magari aveva anche i pantaloni stazzonati da un sonnellino su una poltrona, era un personaggio chiave.

Un po' era perché nelle trattative vince chi la dura di più; un po' perché solo i pezzi grossi avevano partecipato agli incontri più riservati, quelli dove si decidono i sì e i no, tenuti di nascosto, a telefonini spenti in stanze dove risultare irrintracciabili. Altri deputati, i *peones* della commissione, durante le interruzioni della seduta ufficiale erano potuti sgattaiolare via a riposarsi un po'.

Nelle tre giornate, davanti a un quadro monocromo di fine Cinquecento che raffigura una confusa battaglia a cavallo, con soldati che incrociano spade, la seduta della commissione bilancio era stata sospesa sedici volte, per lasciare il posto a riunioni ristrette. Era la prima volta nella storia della Repubblica che gli emendamenti presentati dalla maggioranza superavano quelli dell'opposizione: 1036 contro 752. I fogli fotocopiati si accumulavano per terra, in pile che quasi raggiungevano i piani delle scrivanie.

La resistenza fisica però non basta. Ci vuole anche faccia tosta. Bisogna saper sostenere la grande importanza per l'economia nazionale delle sorti della comunità montana del Monte Baldo, o del permesso di aprire le sale gioco degli ippodromi anche quando non si svolgono corse; per non parlare del diritto degli studenti di Ponza e di Ventotene a godere di agevolazioni che altrimenti gli sfuggirebbero. Bisogna padroneggiare l'arte della lamentela, come quando si fa presente che i terremotati del Molise non possono essere trattati peggio di quelli dell'Umbria. Bisogna conoscere le leggi, per capire che cosa si nasconde dietro formule oscure; ed esser lesti a scorgere se un vantaggio agli elettori di Tizio può trasformarsi in danno per gli elettori propri. Bisogna procurarsi in fretta le carte e averle sempre sottomano, emendamenti, motivazioni, relazioni tecniche, appunti dei collaboratori per capire di che cosa si sta parlando; tanto che la Sala del Mappamondo – scrivanie grigie con computer collegati a internet disposte a raggiera su un tappeto rosso, attorniate da due piani di scaffali metallici – alla fine si era ridotta a una specie di discarica di carta straccia.

Nel dicembre 2007, grazie anche a calcoli sulle spese stiracchiati al massimo, l'accordo era stato raggiunto; in tempo per far stampare i testi e iniziare la discussione in aula. Una parte della copertura finanziaria alle nuove spese era offerta da una norma contro l'evasione Iva delle macchinette distributrici di bibite e merendine, che il viceministro Vincenzo Visco aveva tirato fuori al momento giusto. Anche l'opposizione di centrodestra aveva ottenuto qualcosa: 54 milioni per il Comune di Palermo, con il quale potevano essere assunti quattromila precari «socialmente utili», e un contributo quindicennale per il velodromo di Treviso, roccaforte della Lega. Per le aree delle Marche e dell'Umbria colpite dal terremoto del 1997 si reputavano ancora necessari 22,9 milioni. C'erano 2 milioni sollecitati dai Verdi per trasformare in piste ciclabili le ferrovie dismesse; un milione e mezzo per celebrare i 150 anni dalla nascita di Giacomo Puccini.

Era un segreto di Pulcinella che i commi 285, 286 e 287 nell'articolo 2 del testo finale, con 10 milioni di spesa all'anno per un triennio, venivano pari pari da un «emendamento Pirelli Re» sollecitato dai lobbisti di questa grande azienda immobiliare, per finanziare un loro progetto. E così via. In tutto si erano trovati circa 800 milioni di euro, togliendo di qua e mettendo di là, senza effetti visibili sull'equilibrio complessivo della manovra. Tutto qua? Sì, tutto qua. Alcune delle nuove spese inserite, 100 milioni per nuovi aerei antincendio della Protezione civile, altrettanti per nuovi automezzi alle forze dell'ordine, potevano essere considerate di interesse collettivo; testimoniavano che dietro il lavorio non c'erano soltanto affari elettorali di parlamentari e di partiti, continuavano anche a premere richieste insoddisfatte di ministri e di corpi dello Stato.

Nel 2008 è stato detto che l'«assalto alla diligenza» non si sarebbe ripetuto, grazie agli strumenti adottati dal nuovo governo. Ma già durante l'approvazione della manovra triennale alcune lobby più forti hanno ottenuto ciò che volevano. Poi, in autunno, la crisi finanziaria è divenuta il pretesto per tornare a chiedere sussidi o regalucci a questa o quell'altra categoria. L'unica differenza è che la contrattazione si è spostata nelle stanze dei ministri e dei sottosegretari. Piano piano si sono cominciati a ridimensionare i tagli alla spesa prima strombazzati. A proteggere gli sprechi resta una rete intricata di complicità, tra i politici centrali e locali, i burocrati e le forze organizzate della società. Per incidere sulla spesa non basta ridurre dall'alto gli stanziamenti, occorre modificare i meccanismi che consentono di eludere le leggi.

Proteggere gli sprechi, eludere le leggi

Vediamo qualche esempio. Da oltre vent'anni, i governi sbandierano nelle loro manovre un blocco delle assunzioni nel pubblico impiego, o un «blocco del *turnover*» (non sostituire chi va in pensione). Nell'ultima manovra c'è una versione che almeno sulla carta pare più ambiziosa: una o due assunzioni appena, a seconda dei settori, ogni dieci impiegati che andranno in pensione. Con i provvedimenti precedenti i dipendenti pubblici non sono diminuiti. In primo luogo, perché le deroghe già previste dal governo o successivamente inserite dal Parlamento erano abbastanza ampie. In secondo luogo, perché «fatta la legge, trovato l'inganno», come vuole l'antico proverbio. La Commissione tecnica per la finanza pubblica ha scoperto che nel quadriennio 2002-2006 gli impiegati con posto fisso erano rimasti pressoché invariati (appena 17mila in meno, -0,52 per cento), perché ai circa centomila che andavano a riposo ogni anno erano corrisposte quasi altrettante assunzioni; in più le amministrazioni si erano rifatte assumendo precari, che nel blocco non erano inclusi (33mila in più). Il totale resta vicino a 3 milioni e quattrocentomila.

Un altro esempio è nei bilanci delle Aziende sanitarie locali. In alcuni casi estremi gli amministratori riescono a non compilarli nemmeno. I bilanci che si fanno, assicurano gli esperti, sono incomprensibili, fondati su criteri tanto «conformi a disposizioni di legge» quanto distanti dalla realtà. Il 70-75 per cento delle spese delle Regioni, perché tanto assorbe la sanità, ovvero un centinaio di miliardi di euro ogni anno, dipende da un sistema di «navigazione a vista» che non consente di prevedere con esattezza quanto si spenderà alla fine dell'anno. Nell'ultimo biennio, salvo che in quattro Regioni reprobe, le cose sono andate meglio; ma le normative non offrono la garanzia che si continui, sostiene la Corte dei conti. Lombardia e Sicilia destinano alla sanità circa la stessa cifra per ciascuno dei loro cittadini, ma i siciliani se hanno una malattia grave scappano a farsi curare a Roma o al Nord, perché dei loro ospedali hanno paura. I rimborsi alle cliniche private convenzionate si fanno in base al numero di interventi, senza controllo sulla qualità: i pazienti rischiano operazioni inutili, realizzate con strumenti invecchiati.

Un altro esempio ancora è nei bilanci dei Comuni. Non c'è alcun obbligo di includere nel bilancio dell'amministrazione municipale («consolidare», in gergo tecnico) gli eventuali deficit delle società per azioni dipendenti dal Comune, che sono sempre più numerose. Talvolta anzi le contabilità di queste società non sono omogenee a quelle del Comune, e non danno un riscontro esatto dei debiti e dei crediti. Nella collettiva irresponsabilità, prevalgono gli scaricabarile. Ogni cinque anni andiamo a votare per le Province, cresciute negli ultimi vent'anni da 90 a 109, e la maggior parte di noi non sa nemmeno di che cosa si occupino.

I corpi separati dello Stato sono ancora peggio. Nelle nostre

Forze armate, che contano un generale ogni 350 soldati, manca perfino – lamenta la Corte dei conti – un sistema informatico capace di registrare al centro le spese fatte in periferia. Secondo stime di esperti, su 190mila militari ce ne sarebbero circa 30mila superflui, soprattutto sottufficiali. Nell'ultima manovra, un grande successo per i militari (a fronte di tagli alle spese sulla carta severissimi) è stata l'autorizzazione a vendere da soli le caserme divenute inutili, invece di affidarle all'Agenzia del Demanio che quel mestiere lo sa fare meglio, e da un po' di tempo lo fa con meccanismi più trasparenti. In tutto il grande apparato dello Stato italiano, i tagli alle spese fatti all'ingrosso sono proclami a cui il più delle volte segue poco o nulla.

Altro che *suq*: lo spreco nasce in una nostra amministrazione pubblica che è una piramide di feudi, costruita sul rinvio delle responsabilità ad altri. Gianni Alemanno accusa Walter Veltroni di avergli lasciato il Comune di Roma con le casse vuote; Veltroni ribatte che è stata la Regione Lazio a non versargli le somme dovute; il presidente di centrosinistra della Regione Lazio, Piero Marrazzo, spiega che non ha pagato a causa del dissesto della sanità ereditato dal predecessore di centrodestra, Francesco Storace. Salvo che gli scandali vengano alla luce, ogni potere, piccolo o grande, patteggia con gli altri poteri al riparo dagli sguardi dei cittadini. Per questo il meccanismo della spesa è incontrollabile. I metodi spicci sono spesso quelli che vengono meglio elusi. Occorrerebbe un'azione paziente di riforma, che obblighi tutti, ovunque, a dar conto di che fine hanno fatto i soldi spesi. Non sarebbe impossibile, ad esempio, dare più soldi agli ospedali che, sulla base di dati obiettivi, curano meglio i pazienti; darne di meno alle Regioni dalle quali la gente fugge per andare a farsi curare altrove. In altri paesi l'hanno fatto. Non sarebbe impossibile, ma hanno sempre vinto, finora, quelli che lo volevano evitare.

Prima parte
Dietro le quinte della Legge finanziaria

Operazione Tremonti.
Gli «assalti alla diligenza» sono davvero finiti?

La crisi finanziaria ha sepolto molte buone intenzioni dei mesi precedenti. Ma non ha cambiato gran che nella grande svolta del centrodestra dopo la vittoria elettorale dell'aprile 2008. La parola d'ordine del calo delle tasse per tutti, con cui negli anni lo schieramento guidato da Silvio Berlusconi aveva conquistato il consenso degli elettori, è passata in secondo piano. In Italia, chi sta saldo al potere trova molto più conveniente distribuire favori di qua e di là, attraverso le spese o attraverso sgravi fiscali mirati.

L'inizio era stato promettente. La manovra triennale 2009-2011, che ha anticipato la sostanza della Legge finanziaria 2009, era stata varata in appena «9 minuti e 30 secondi», così è stato riferito, dal Consiglio dei ministri. Conteneva tagli ambiziosi alle spese, nella scuola, negli enti locali, negli stessi ministeri. Il 5 agosto 2008 era già legge, dopo un passaggio in Parlamento abbastanza rapido. In autunno, la crisi finanziaria ha cambiato tutto il quadro. Per primi i ministri hanno cominciato a far intendere che i veri tagli alle spese sarebbero arrivati solo nel 2010 e prima di allora c'è speranza di aggiustarli.

Ma già prima c'è stata la faccenda delle api. Con un decreto-legge del maggio 2008, il primo del governo Berlusconi 4, Giulio Tremonti aveva cancellato due milioni di euro a favore di una legge speciale per l'apicoltura, citata dallo stesso ministro fra gli «interventi non seri» di spesa pubblica. Ma quei soldi sono subito ricomparsi nella manovra triennale poco più di un mese dopo, malgrado i drastici tagli alla spesa pubblica (e non hanno nulla a che fare con un problema che esiste davvero, la moria delle api). Il ministro per l'Agricoltura Luca Zaia, leghista, lo ha rivendicato a proprio merito, con dichiarazioni pubbliche: due milioni, non un soldo di più né uno di meno. La legge per l'apicoltura era stata rifinanziata dal centrosinistra a fine 2007, ma era opera del centrodestra. Anche una lobby piccola piccola, qualche migliaio di persone, può avere la meglio su Tremonti.

Quello delle api, se fosse isolato, sarebbe un dettaglio senza importanza; ma non è il solo. Mettendoli tutti insieme, si ottengono cifre che rivelano un'operazione illusionistica. Con il primo decreto approvato dopo il giuramento, il governo Berlusconi 4 ha affermato che l'abolizione dell'Ici sulla prima casa e la detassazione delle ore straordinarie erano ottenute grazie a tagli di spesa. Con il secondo provvedimento, il decreto con la manovra, ha detto che le nuove tasse su banche, compagnie petrolifere e cooperative avrebbero finanziato interventi a favore dei più poveri. Nei numeri, si vede che gli interventi a favore dei poveri sono molto modesti (appena 200 milioni nel 2008) e che il secondo provvedimento ha cancellato parecchi dei tagli di spesa adottati dal primo. Facendo le somme, le tasse su banche e petrolieri hanno sostituito l'Ici, e le spese sono rimaste quasi uguali. Una specie di gioco delle tre carte.

Nel 2008 la spesa corrente delle amministrazioni pubbliche non diminuirà rispetto alle cifre ereditate dal governo Prodi 2. Si è solo tolto da una parte per rimettere da un'altra. In sostanza, l'effetto combinato dei due provvedimenti è che le nuove tasse per le quali Tremonti invoca l'esempio di Robin Hood («tassare un po' di più i petrolieri per dare un po' di più a chi ha bisogno, ossia burro, pane e pasta») compensano gli sgravi su Ici e straordinari: più gettito da una parte, meno gettito da un'altra. Il ministro che a ogni passo vanta la propria preveggenza, a luglio ha indicato le banche come profittatrici, tassandole di più; in ottobre ha dovuto riconoscere che rischiavano di essere travolte dalla crisi, e si è dato da fare per soccorrerle.

Nemmeno nel 2009 le spese correnti diminuiranno, a dispetto dei proclami sui tagli. La manovra 2009 sarà «basata principalmente su aumenti delle entrate», ha notato il governatore della Banca d'Italia Mario Draghi.[1] A calare – secondo le cifre che Tremonti ha scritto nel Documento di programmazione, il Dpef – sarà soltanto la spesa per investimenti, nella misura di circa 2,3 miliardi di euro nel 2009. Altro che «grandi opere». E il «piano casa» tanto sbandierato conta sui soli finanziamenti lasciati dal centrosinistra.

Senza uno scomposto «assalto alla diligenza» nelle aule del Parlamento, mancano le lungaggini dei veti e dei patteggiamenti sulle inezie; un maggior potere si accentra nel ministero dell'Economia. Nei grandi numeri, la sostanza cambia poco. Gli interessi più forti e meglio rappresentati hanno trovato ascolto anche questa volta; tanto che la legge di conversione del decreto-manovra si è gonfiata fino a superare i settecento commi, 165 pagine nello stampato parlamentare, 65 mila parole. Insomma, la legge che pretendeva di farla finita con le «leggi omnibus» inzeppate di misure di tutti i generi, è a sua volta una legge omnibus. Nella fretta si sono commessi errori grossolani, come l'emendamento suggerito dalle Poste per liberarsi dei portalettere precari, che impedisce ai magistrati del lavoro di ordinare l'assunzione del personale con rapporti di lavoro irregolari. Rischiava di diventare un condono degli abusi verso tutti i precari, e ha sollevato larghe proteste. Il meccanismo è stato quello di sempre: Mauro Michielon, già deputato leghista, poi divenuto consigliere di amministrazione delle Poste, ha passato le carte a Maurizio Fugatti, il factotum della Lega nella commissione bilancio della Camera.

Via libera all'evasione fiscale?

In campagna elettorale Silvio Berlusconi aveva promesso 45 miliardi di tasse in meno nel quinquennio. Dopo il voto, il suo governo ha annunciato che la legislatura avrebbe portato 4,5 miliardi di tasse in più. Sono queste le cifre esatte. Risultano dal confronto tra il programma del Popolo della libertà e il Dpef 2009-2013. Nel primo, si prevedeva una «graduale e progressiva diminuzione della pressione fiscale sotto il 40 per cento del prodotto interno lordo»; e dall'attuale 43 per cento di pressione fiscale al 40 per cento, corrono 45 miliardi. Nel Dpef, Tremonti ha scritto che nei cinque anni della legislatura la pressione fiscale resterà invariata rispetto ai livelli attuali; ovvero crescerà di quattro decimi rispetto a quanto sarebbe accaduto se non si fossero toccate le leggi lasciate dal centrosinistra.[2]

Eppure certe promesse sono state mantenute. Una riduzione generale delle tasse per tutti i cittadini, alla luce del sole, non ci sarà. Ma chi è abile a scansare le tasse potrà riuscirci meglio. Alcuni sostenitori di Berlusconi non hanno mancato di farlo notare.[3] Appena insediato, il governo non ha perso tempo a far scomparire, per la via rapida del decreto-legge, molte fastidiose incombenze che rendevano difficile nascondere i ricavi. Erano le richieste principali delle lobby del lavoro autonomo. C'è chi se ne felicita: alle partite Iva «invece di bastonate per evasione presunta, ora arrivano caramelle e cioccolatini», ha scritto il quotidiano «Italia Oggi». La Banca d'Italia ha già notato che i risultati dell'autotassazione di giugno 2008 sono stati inferiori alle aspettative.[4]

La decisione più importante cancella l'obbligo per chi ha una partita Iva di comunicare l'elenco dei clienti e dei fornitori. Durante la campagna elettorale, gli economisti del sito www.lavoce.info avevano affermato che l'approvazione o la bocciatura di questa norma sarebbe stata una cartina di tornasole della volontà di lottare contro l'evasione. Senza elenco clienti e fornitori, il consumato trucco delle fatture false a scarico dell'Iva tornerà più facile. L'obbligo esiste, in forme diverse, in quasi tutti i paesi; in Italia era stato introdotto insieme con l'Iva, dalla riforma tributaria del 1973. Tremonti l'aveva abolito nel 1994. Sollecitato dall'Agenzia delle Entrate, nel 2004 il ministro Domenico Siniscalco convinse il governo Berlusconi 2 a ripristinarlo, ma in Parlamento il centrodestra lo bocciò. Il governo Prodi 2 l'aveva reintrodotto nel 2006.

Scompaiono anche altre norme che sarebbero state utili a individuare gli evasori. Via l'obbligo per commercianti e professionisti di dedicare un apposito conto corrente a incassi e pagamenti di lavoro: sarebbe stato troppo facile per la Guardia di Finanza controllarne il giro d'affari. Via l'obbligo di indicare il codice fiscale nelle girate degli assegni. Via la norma antiriciclaggio che aveva imposto il limite di 5000 euro per i pagamenti in contanti; si torna ai 12.500 euro. Inoltre, se aderiranno subito agli accertamenti della Guardia di Finanza, i contribuenti sospetti di evasione godranno di un ulteriore sconto sulle sanzioni; con qualche margine in più per patteggiamenti non proprio puliti. In compenso l'attenzione degli uffici tributari dovrebbe spostarsi dai piccoli contribuenti verso le grandi aziende.

Senza perdere tempo, Tremonti ha organizzato un repulisti di tutti i dirigenti del fisco. Nel decreto con la manovra triennale ci sono ben tre norme differenti dedicate a questo scopo, giudicato molto urgente: una per trasferire i direttori centrali delle Agenzie fiscali, in deroga alle leggi sul pubblico impiego; una per far decadere i comitati di gestione delle stesse Agenzie; una per cambiare il consiglio di amministrazione della Sogei, la società che gestisce l'Anagrafe tributaria. Dati i buoni risultati ottenuti negli ultimi anni, all'Agenzia delle Entrate circola la battuta che qualcuno è stato «destituito per eccesso di rendimento». Nel bilancio, i fondi per l'Agenzia sono stati decurtati. Il gettito dell'Iva interna, molto legato ai comportamenti dei contribuenti, nell'estate 2008 ha cominciato a calare, più di quanto sarebbe stato giustificato dal cattivo andamento dell'economia.

Per i prossimi anni, il governo Berlusconi 4 ha messo in conto un aumento di entrate attribuito alla lotta all'evasione fiscale, 500 milioni nel 2009, 800 nel 2010, 1900 nel 2011. È una delle voci più dubbie della manovra, come ha osservato anche il servizio bilancio del Senato: il recupero viene attribuito, meccanicamente, a un aumento del numero dei controlli. Di sicuro nelle casse dello Stato non arriveranno le cifre di evasione scoperta che periodicamente la Guardia di Finanza rende note per celebrare i propri successi. Di quei miliardi lo Stato riesce a incassare in media solo il 7 per cento. Se il risultato è tanto deludente, probabilmente le cifre di partenza sono gonfiate, sospetta la Corte dei conti. Anche in questo caso i furbi se la cavano, gli altri pagano.

Meno tasse con il federalismo?

In teoria il federalismo funziona. Tutti riteniamo di capire meglio che cosa fa o non fa il sindaco della nostra città, rispetto al governo nazionale. Potrebbe essere utile riportare più vicino ai nostri occhi lo scambio tra le tasse che paghiamo e i servizi che le amministrazioni pubbliche ci rendono. Ad esempio un Comune potrà istituire una sovrimposta destinata a costruire una rete metropolitana e poi i suoi cittadini giudicheranno in concreto in quanto tempo la rete è stata costruita, se funziona bene, eccetera. Il malcontento sulle tasse è forte anche perché non si ha chiaro che cosa vadano a finanziare. Un decentramento delle responsabilità potrebbe indurre a comportamenti più trasparenti.

In pratica, invece, il federalismo fiscale può causare effetti opposti. Ne è esempio il Belgio, dove negli anni Ottanta la crescente autonomia finanziaria delle due aree linguistiche, francese e fiamminga, ha molto contribuito alla crescita del debito. Uno studio dell'Ocse (Organizzazione per la cooperazione e lo sviluppo economico) mette in guardia l'Italia dal rischio di «tornare al finanziamento derivato degli anni Ottanta»: ovvero, gli enti locali avrebbero più soldi da spendere ma con scarse o nulle responsabilità sul livello delle tasse. Il governatore della Banca d'Italia ha ammonito che «cardine di una sana autonomia fiscale è la stretta corrispondenza tra esborsi e tassazione: ogni onere aggiuntivo dovrebbe idealmente trovare finanziamento a carico dei cittadini cui l'amministrazione risponde».[5]

Il compromesso del settembre 2008 va in direzione opposta: per il timore di perdere consenso si è abbandonata l'ipotesi di una tassa unica sugli immobili a favore dei Comuni. Per ragioni di alleanza politica non sarà tolto un soldo alla Sicilia, la regione dove lo spreco del denaro pubblico è più scandaloso

(23mila dipendenti per 5 milioni di abitanti, contro i 3000 per 4 milioni di abitanti della Puglia). Poco prima di varare il disegno di legge sul federalismo, il governo ha salvato dalla bancarotta il Comune di Catania, governato dal centrodestra, fornendogli 140 milioni di euro a perdere, senza condizioni; e ha concesso anche altri 500 milioni a Roma. «Non è possibile che ci siano soldi per chi spende male e non per chi spende bene», ha protestato il sindaco di Milano Letizia Moratti. «Ha vinto l'alleanza degli spreconi. Presumibilmente, la spesa e le tasse aumenteranno di un punto di prodotto lordo», conclude il politologo Luca Ricolfi.[6] La vera battaglia si farà sulla spesa sanitaria dei prossimi anni.

Il sogno degli amministratori locali è di avere più soldi lasciando per intero allo Stato l'impopolarità dei tributi. «Decentrare i poteri di spesa si è provato molto più facile che promuovere meccanismi di responsabilità delle scelte» nota l'Ocse. Oltretutto, non è facile distinguere le responsabilità dal punto di vista dei cittadini. Nelle dichiarazioni dei redditi, le addizionali regionali Irpef e Irap sono chiaramente indicate, ma chi va a fare il conto? Le imposte per finanziare gli enti locali dovrebbero essere chiaramente distinte. Per questo il ministro Roberto Calderoli, incaricato della riforma federalista, si è rammaricato che il governo di cui fa parte abbia ridotto a ben poco l'Ici, e ora preferirebbe un'imposta unica sui servizi comunali. L'Ici è odiatissima, ma nel confronto internazionale gli italiani pagano in tasse sugli immobili la metà dei francesi, e un terzo rispetto agli americani.

Nei sondaggi ben fatti, il federalismo non pare un argomento popolare. Tranne che in certe zone del Nord, e tra l'elettorato della Lega, non è diffusa l'impressione che le Regioni possano migliorare la qualità dei servizi ora offerti dallo Stato. I «fannulloni» sembrano più frequenti nelle amministrazioni locali che in quella centrale. Un'indagine del Censis dell'aprile 2008 mostra un 47,5 per cento di cittadini (in forte aumento rispetto agli anni precedenti) interessati a rafforzare lo Stato centrale «per assicurare l'equilibrio tra le diverse parti del paese», contro il 28,4 per cento che preferirebbe rafforzare le Regioni. Anche tra i soli elettori della coalizione vincente, coloro che preferiscono rafforzare lo Stato centrale sono più numerosi rispetto ai federalisti.

Ritorna la «finanziaria leggera»

Il rimedio per evitare il *suq* parlamentare sta nella norma, approvata nel luglio 2008, che «in via sperimentale» impedisce di inserire nella Legge finanziaria del 2009 provvedimenti specifici. La finanziaria «leggera», però, l'abbiamo avuta già dal 1988 al 1999. Conteneva, anche allora, soltanto le linee generali; cosicché il *suq* si faceva sul testo dei disegni di legge collegati, e spesso durava oltre la fine dell'anno. Anche nella manovra per il 2009 ci sono tre «collegati», sparsi in diverse commissioni, fatto che accresce il numero dei potenziali partecipanti al mercato. Ad aprire le cateratte degli emendamenti sono stati, come al solito, i ministri; deputati e senatori hanno tentato di seguirli. All'inizio il governo ha resistito, convincendo i presidenti di commissione a dichiarare inammissibili gli emendamenti fuori tema.

Proprio dalle file della maggioranza è cominciato a venire fuori di tutto. Un deputato siciliano, Gaspare Giudice, ha tentato di inserire in uno dei tre «collegati» norme per lo «snellimento delle procedure di controllo su esportazioni di pomodori pelati e concentrati di pomodoro». Un altro siciliano, il più noto Enrico La Loggia, per fare un favore a chissà quali amici, ha proposto di modificare il Codice di procedura penale inserendovi l'obbligatoria «distruzione dei verbali di sommarie informazioni assunte nel corso delle indagini preliminari» nel caso che il procedimento giudiziario si concluda con «sentenza di non doversi procedere o di assoluzione». I loro emendamenti sono stati dichiarati entrambi inammissibili. Ma intanto su un altro «collegato», quello «per lo sviluppo», il muro contro gli emendamenti cadeva, e si cominciava a patteggiare. Il governo stesso ha inserito 33,8 milioni di euro nel triennio in sussidi alle Tv locali, proprio mentre altrove tagliava gli aiuti ai giornali su carta.

Anche diversi oppositori, sottovoce, riconoscono a Tremonti buoni propositi sulla Legge finanziaria. Ma la sua polemica contro il «mercatismo» pare fatta apposta per giustificare in futuro nuovi interventi pubblici, di spesa prima di tutto; molti, nella maggioranza, sono pronti a servirsene per questo scopo. Aprono la strada i forti esborsi che saranno necessari per salvare l'Alitalia, e che nei conti ufficiali compariranno solo a poco a poco; si è cominciato da una piccola tassa in più sui biglietti aerei. Altri e più importanti ritocchi sono stati inseriti in autunno, a ruota delle modifiche alla manovra decise dal governo per contrastare la crisi finanziaria. A fine anno, casomai fossero restate richieste da soddisfare, si aggiungerà il «decreto milleproroghe», classico rituale natalizio, dove si infila di tutto.

A che cosa servono i tagli

Un'ascia ben affilata è uno strumento efficiente per abbattere gli alberi. Però non è molto utile per tagliare le erbacce. Diversi economisti pensano che i grandi tagli alla spesa pubblica (per il 2010 e 2011) contenuti nella manovra triennale del governo Berlusconi 4 siano appunto un'ascia usata per tagliare l'erba. L'erba si piegherà sotto il colpo e resterà lì. Il governatore della Banca d'Italia Mario Draghi ha osservato che per riuscire a risparmiare davvero occorre «una revisione delle procedure operative e degli obiettivi dei centri di spesa»; ovvero, in parole povere, «cambiare le regole».[7] Se gli amministratori delle Asl non hanno precisi vincoli di bilancio e fanno crescere i debiti verso i fornitori, se i sindaci possono nascondere i debiti in società collegate al Comune, se i ministeri stessi hanno bilanci talmente oscuri che non si capisce quanto si spende per cosa, i «tetti» durano poco.

Non è la prima volta che d'autorità si mettono, dall'alto, limiti alle spese; nelle occasioni precedenti, la spesa è tornata a espandersi negli anni successivi. «È una doppia sfida, mai riuscita prima in Italia», nota il Centro studi della Confindustria, avvertendo il rischio che i tagli si rivelino «mere compressioni pronte a rimbalzare, come spesso è accaduto in passato».[8] «Se i tagli si limitano alle tabelle della Finanziaria, e non sono accompagnati da norme di legge che chiudono le fonti della spesa, arrestarla risulta nei fatti impossibile», sostiene l'economista Francesco Giavazzi.[9] Un altro economista, Luigi Spaventa, si spiega con un piccolo esempio: «Si tagliano linearmente, ossia in misura omogenea, i finanziamenti a tutti gli enti lirici, senza distinguere tra quelli di qualità e quelli che non lo sono. Non sarebbe meglio dare un po' più di soldi alla Scala di Milano e invece chiudere un'Opera di provincia?». Oppure si tagliano i fondi alla sanità senza dettare norme che impediscano, per esempio, a una Asl di Napoli di pagare le siringhe il 60 per cento in più della Asl di Salerno.

Questa volta l'obiettivo è ancora più ambizioso: «Siete tutti ministri senza portafoglio», ha detto con baldanza Giulio Tremonti ai suoi colleghi di governo. Le cifre che il ministro dell'Economia ritiene necessarie a rispettare l'obiettivo concordato con l'Europa, il pareggio di bilancio nel 2011, restano vicine a quelle di Tommaso Padoa-Schioppa, ministro dell'Economia nel precedente governo Prodi. Che sia il centrodestra a impegnarsi in una operazione così ampia costituisce una specie di contrappasso storico, ha commentato l'economista Fabrizio Galimberti: dovrà togliere dalla spesa «i due punti (e passa) di Pil che furono aggiunti durante la gestione tremontiana della finanza pubblica nel 2001-2005».[10] Con un termine di sua invenzione, e un po' sgrammaticato, «deficisti», Tremonti se la prende con chi vorrebbe ripetere ora la sua politica di sette anni fa.

I propositi vanno confrontati con la realtà della politica. Sono schierati con il nuovo governo molti poteri costituiti della burocrazia e degli apparati dello Stato, ovvero i primi responsabili dell'inefficienza. È difficile che riesca a ridurre la spesa chi ha portato in Parlamento l'ex comandante della Guardia di Finanza Roberto Speciale. Si tratta di quel personaggio che usava gli aerei di servizio per servire spigole fresche ai suoi ospiti in un rifugio di montagna; che per celebrare il duecentotrentaduesimo anniversario della Guardia di Finanza requisì un pezzo di Napoli senza badare a spese. È difficile che riesca a ridurre la spesa chi, per tacitare Fs e imprese dominanti, ha subito archiviato il tentativo di risparmiare sulla Tav Milano-Padova. Anziché mettere a gara gli appalti secondo le regole europee, il governo Berlusconi 4 li ha restituiti a due soli *general contractor*, Impregilo e Snam Progetti.

Come in altre occasioni, a soffrire di più è la parte della spesa pubblica che dovrebbe essere la più utile, quella destinata agli investimenti. Il governo che ha promesso di costruire il ponte sullo Stretto di Messina non ha messo in bilancio i soldi né per quell'opera né per altre la cui utilità è meno controversa. In questi casi il *suq* si fa all'interno del governo. Partendo da cifre inverosimili, il ministro per le Infrastrutture Altero Matteoli aveva chiesto 14 miliardi aggiuntivi nel triennio; per il momento ne ha avuti addirittura 5,5 in meno rispetto agli stanziamenti lasciati dal centrosinistra. Un trucco già usato in altre occasioni è tagliare i fondi all'Anas, 355 milioni in meno nel 2009, e alla Rete ferroviaria italiana, 1240 milioni; quando poi arriverà la prova (si spera, non da qualche incidente o disastro) che le strade o i binari sono in cattivo stato di manutenzione, oppure quando salirà di tono la protesta dei costruttori lasciati senza appalti, i fondi dovranno essere trovati e rimessi nel bilancio.

«Il degrado della spesa pubblica è profondo, e ha corroso financo le coscienze», dice Bruno Tabacci, deputato dell'Udc esperto di economia, che nelle file del centrodestra c'è stato fino a ieri. Per piegare gli interessi particolari legati alla spesa occorre coinvolgere i cittadini in un obiettivo che esprima l'interesse generale. In mancanza di questo, sarà possibile imporre alle Forze armate tagli più ampi di quelli che i pacifisti osavano proporre nella legislatura precedente, tali da ridurre l'organico del 5-8 per cento? Sarà possibile, in un clima di esasperata attenzione alla sicurezza delle nostre città, avere a fine triennio 6700 poliziotti in meno? È molto probabile che presto o tardi i singoli ministri di spesa riavranno quello che chiedono, magari patteggiando concessioni con la presidenza del Consiglio.

Quanto dureranno i proclami

Sono più severe che in passato le norme che dovrebbero eliminare i precari dalla pubblica amministrazione. Il ricorso a questa forza lavoro, negli anni scorsi, è stato il principale strumento per eludere i limiti alle nuove assunzioni. La presenza dei precari negli uffici, incentivati dalla speranza di essere assunti a tempo pieno, è risultata anche utile a molti «fannulloni». La voce corrente era che in tanti uffici lavoravano solo i precari, mentre gli impiegati stabili battevano la fiacca. Se attuate sul serio, le norme della manovra lasceranno senza impiego un gran numero di giovani, con pesanti riflessi di impopolarità. In Parlamento, il termine per eliminare il precariato è stato subito differito di sei mesi. Chissà come andrà a finire.

Anche nell'istruzione pubblica, alcune norme dettagliate per ridurre la spesa ci sono. Ma i tagli non fanno distinzioni. Dai confronti internazionali, l'Italia spende troppo per le scuole, specie elementari, e poco per l'università, 30 per cento in meno della media Ocse; invece si è deciso di decurtare tutto quanto. Indici abbastanza semplici consentono di capire quali atenei hanno usato male i soldi, spesso per assumere coniugi, figli, amanti e parenti, e quali no; ma si è tagliato a tutti nello stesso modo. In tutta l'istruzione occorrerà risparmiare quasi mezzo miliardo nel 2009, 1,6 nel 2010, 2,5 nel 2011. Si sa che gli insegnanti sono troppi – negli istituti tecnici si sono allungati gli orari di lezione per assorbire tutto l'organico a disposizione – e proprio nelle Regioni dove sono più numerosi in proporzione agli allievi, quelle meridionali, i risultati ottenuti dagli studenti ai test sono i peggiori. I precedenti tentativi di contenerne il numero sono naufragati, ha spiegato la Commissione tecnica sulla finanza pubblica, perché il controllo sugli organici degli insegnanti è molto decentrato e il ministero non ha saputo riprenderlo in mano.

Tremonti ha proposto una soluzione spiccia: accentrare i poteri, quasi commissariando la collega dell'Istruzione. Nelle grandi cifre, si tratterà di non sostituire i pensionati e di congedare i precari di assunzione più recente. Dovrebbero scomparire, entro il 2011, 6600 posti a Napoli, 6400 a Roma, 5700 a Milano;[11] circa una cattedra ogni dieci; e il 17 per cento del personale non docente. Si minacciano sanzioni ai dirigenti del ministero dell'Istruzione colpevoli del «mancato raggiungimento degli obiettivi prefissati». Nella scuola elementare si torna al maestro unico, ed è una importante novità; il Partito democratico si oppone dimenticando che nei piani di Padoa-Schioppa c'era qualcosa di simile.

Non è chiaro però se saranno modificate altre norme che tengono alto il numero delle cattedre, come quella che nei piccoli centri impedisce di avere una classe di liceo e una di istituto tecnico, perché non ci possono essere insegnanti in comune tra i due. Non è chiaro se cambieranno le norme per le supplenze brevi: «Per eliminarle basterebbe stabilire orari flessibili, attraverso i quali i docenti recupererebbero le ore di assenza sostituendosi a vicenda; si risparmierebbe un miliardo di euro», sostiene Giorgio Macciotta, ex sottosegretario all'Economia del centrosinistra. L'Isae (Istituto di studi e analisi economiche) ha rilevato che al Nord gli alunni della scuola dell'obbligo tornano ad aumentare, al Sud calano ancora; quindi per rispettare i criteri numerici fissati dal decreto occorrerebbe trasferire molti insegnanti dal Sud al Nord;[12] altro che polemiche contro i docenti meridionali considerati non all'altezza rispetto a quelli settentrionali.

Nella scuola italiana il denaro pubblico si spreca per pigrizia e per disorganizzazione, più che per foraggiare clientele. Sarà triste se alla fine gli unici tagli di spesa efficaci saranno quelli nella scuola e nell'università, quando l'Italia è più indietro rispetto agli altri paesi ricchi proprio per livello di istruzione, specie scientifica, e di cultura. Sarà triste se a realizzarli sarà un ministro come Maria Stella Gelmini che per diventare avvocato ha usato il trucco degli asini, sostenere l'esame di Stato nel profondo Sud. Ma l'idea che la classe dirigente debba innanzitutto dare il buon esempio sembra proprio essersi perduta.

Il pareggio di bilancio in tre anni, forse

Forse il documento di programmazione 2009-2013, con il suo impianto severo, e con una chiarezza di cifre e di ipotesi maggiore che nel passato, è servito come biglietto da visita per presentarsi alle autorità internazionali, ben avvertite dei deludenti risultati dei precedenti governi Berlusconi. Per convincere i parlamentari della maggioranza, il sottosegretario all'Economia Giuseppe Vegas ha evocato più di una volta il pericolo di un giudizio negativo dei mercati finanziari. Nel 2009, gli interventi effettivi sulle spese, al contrario di quanto sostiene l'opposizione, saranno irrilevanti. La manovra estiva del 2008 è servita soprattutto ad accentrare il potere sul ministero dell'Economia, togliendo voce ai feudi degli altri ministri. Vuol dire soltanto che la trattativa con gli interessi costituiti si sposterà al centro. Se va bene, il governo acquisirà qualche spazio di manovra per non arrivare alle elezioni successive con il bilancio in dissesto, come è avvenuto nel 2006.

È corretto, è responsabile attendere di aver tagliato le spese prima di ridurre le tasse. Ma nella maggioranza premono le richieste di abbassare le tasse a scapito del deficit. Sarebbe una scelta, se non altro, più consona al programma con il quale il centrodestra ha vinto le elezioni del 2008. Una volta passata la tempesta finanziaria, nel pieno delle difficoltà economiche che ne seguiranno, dentro il governo si faranno avanti quelli che hanno sostenuto Tremonti nella speranza che accumulasse un «tesoretto» da utilizzare in seguito.

Meno evidenti, ma forse ancora più forti, sono le spinte a evitare i tagli alle spese perché avrebbero un effetto recessivo. I ministri della spesa cercheranno di riconquistare pezzo per pezzo il potere che hanno perduto. Il ministro Roberto Calderoli ha già invitato il collega Tremonti a rivedere i tagli alla spesa sanitaria: «non facciamo i pidocchi, non solo perché qui si gioca davvero la vita e la morte delle persone, ma perché è impensabile far morire il federalismo prima della nascita».[13] Subito è comparso un miliardo in più da spartire tra Regioni e Comuni. Nella primavera del 2009 si vota per il Parlamento europeo e per le amministrazioni di alcune importanti città; nel 2010, per le Regioni e per il grosso degli enti locali.

---

1 Audizione alle commissioni bilancio di Camera e Senato, 2 luglio 2008.
2 La cifra di 4,5 miliardi di euro si riferisce alle entrate tributarie propriamente dette.
3 Un articolo esplicito è quello di Francesco Forte, economista, ministro delle Finanze nel governo Fanfani 5 del 1983, su «Libero mercato» del 29 luglio 2008.
4 Audizione del governatore Mario Draghi alle commissioni bilancio di Camera e Senato, 2 luglio 2008.
5 Considerazioni finali del governatore, 31 maggio 2008.
6 Intervista a «Il Riformista», 3 ottobre 2008.
7 Testimonianza alle commissioni bilancio di Camera e Senato, 2 luglio 2008.
8 Centro studi della Confindustria, *Rapporto di previsione n. 3*, settembre 2008.
9 «Corriere della Sera», 9 agosto 2008.
10 «Il Sole 24 Ore», 28 maggio 2008.
11 «Il Sole 24 Ore», 30 giugno 2008.
12 Audizione del presidente dell'Isae Alberto Majocchi alle commissioni bilancio di Camera e Senato, 2 luglio 2008.
13 Intervista al «Corriere della sera», 29 settembre 2008.

Dove finiscono i soldi delle tasse

«Voglio sapere che fa lo Stato con i soldi che gli pago», prorompe il contribuente infuriato. Immagina che burocrati e politici lo sappiano e glielo vogliano tenere nascosto. Non è così. È ancora peggio: quasi sempre, non lo sanno nemmeno loro. Proviamo a supporre che il deputato X, o la senatrice Y riescano a inserire nella Legge finanziaria uno stanziamento che fa molto piacere agli elettori della loro circoscrizione, per costruire qualcosa di utile. Passa un anno, e non succede nulla. Ne passano due, e ancora i soldi non si vedono. Gli elettori, impazienti, si rivolgono al parlamentare. Il deputato X o la senatrice Y tentano di informarsi presso il ministero, ma la burocrazia non è in grado di dare risposte chiare: «I fondi ci risultano erogati», si limitano a rispondere alla Ragioneria dello Stato. Ma perché non sono arrivati a destinazione? Perché i lavori non sono cominciati, o sono rimasti a metà? Non si sa. Nemmeno se interviene il ministro, spesso, si riesce a capire dove i soldi si siano fermati, presso quale ente, e perché.

Non si riesce a ricostruire il percorso. Manca una codifica che consenta di rintracciare le somme erogate per investimenti, scoprì qualche anno fa, in uno studio compiuto per conto del Tesoro, l'economista Nicola Sartor, poi divenuto sottosegretario nel governo Prodi 2. Per scoprire a che punto è una data opera pubblica occorre recarsi sul posto. La nostra burocrazia è un sistema feudale, in cui ogni potere vassallo o valvassore possiede un margine di arbitrio nel proprio campo, per quanto piccolo; e per conservarlo occorre nascondere le tracce. Molti degli emendamenti che deputati e senatori brigano tanto per inserire nelle leggi finanziarie, nel *suq* autunnale della sessione di bilancio, rimangono lettera morta. In molti casi i politici si sono già contentati dell'effetto annuncio. In altri, devono fare buon viso a cattivo gioco. Si possono vantare di aver ottenuto qualcosa nella legge più importante, ben visibile all'opinione pubblica; poi chissà.

E fin qui si è parlato di spendere soldi assegnati a questo o quello scopo. Quando poi si tratta di attuare disposizioni, si aggiungono i tempi biblici della burocrazia. Se vuole, la burocrazia può benissimo impiegare mesi a produrre un regolamento: come è accaduto per quello sulle Siiq, le società di investimento immobiliare quotate, un'innovazione finanziaria ritenuta utile dagli esperti ma non gradita a certi gruppi di potere che con il Tesoro avevano fatto affari al tempo delle grandi cartolarizzazioni di immobili. Il Consiglio di Stato, o la Corte dei conti, quando non gradiscono una norma ma non hanno materia per respingerla, hanno comunque ampia discrezionalità nell'allungare i tempi. Della Legge finanziaria per il 2007, alla fine dell'anno 2007 risultava emanato solo il 38 per cento delle norme applicative necessarie. È un circolo vizioso, perché un'amministrazione inefficiente induce a pensare che occorrano nuove leggi, piuttosto che una migliore amministrazione.

Lo spettacolo prevale sulla realtà. Emendamenti per i quali si è minacciata la rottura della coalizione possono addirittura restare inapplicati con il tacito consenso di tutti i contendenti. I nostri governi sono fabbriche di leggi inutili, sostengono esasperati gli alti dirigenti dello Stato. I burocrati – si infuriano a loro volta i politici – se gli chiedi se una cosa si può realizzare con le leggi attuali, rispondono sempre di no. Constatato che poco si può fare, si mette in scena il fare; nella speranza che il pubblico, annoiato dall'attesa dei risultati che per esperienza sa lunga, rivolga l'attenzione altrove e non ci pensi più. Tanto si sa che in questo paese, per dirla con i burocrati, quasi tutte le scadenze fissate dalle leggi sono «ordinatorie» e non «perentorie»; ovvero, anche se si va oltre la data prevista, non succede nulla; e che le leggi nuove funzionano all'incirca come quelle vecchie, perché la burocrazia resta sempre la stessa. Per costruire il treno ad alta velocità tra Parigi e Lione erano occorsi 12 anni; da Milano a Bologna, meno della metà dei chilometri, ce ne sono voluti 25.

Quanto si può ridurre il peso del fisco?

Gli ultraliberisti di scuola americana celebrano ogni anno il «giorno della liberazione fiscale». Sostengono che, dato l'alto livello della tassazione, nella prima parte dell'anno i cittadini lavorano «per lo Stato», e soltanto dopo «per sé». Dato che in Italia la pressione fiscale è attorno al 43 per cento del prodotto interno lordo, il «giorno della liberazione» cadrebbe verso l'inizio di giugno. È un'esagerazione piuttosto ridicola. Anche con la migliore buona volontà, con le ipotetiche migliori soluzioni possibili, quel carico non potrebbe essere ridotto di molto. Intanto nel termine «pressione fiscale» entrano anche i contributi sociali, non solo le imposte. La maggior parte dei contributi sociali serve per le pensioni, dunque in futuro tornerà a vantaggio di chi li paga. Benché il nostro sistema previdenziale sia per la gran parte gestito da un pachiderma burocratico come l'Inps, e sia pieno di squilibri che favoriscono gli uni e sfavoriscono gli altri, comunque quei soldi costituiscono un risparmio obbligato i cui frutti saranno goduti.

La pressione tributaria in senso stretto, cioè le tasse, è poco sotto il 30 per cento. In questo senso, il «giorno della liberazione fiscale» potrebbe cadere nella seconda metà di aprile, poco prima della vera festa della Liberazione. Però anche qui c'è un'importante partita di giro. Una parte della spesa pubblica, circa un decimo, va a ripagare i debiti; debiti che lo Stato ha contratto con risparmiatori o investitori di cui circa la metà, oggi come oggi, sono italiani. Se lo Stato ha contratto debiti in passato, è perché ha speso molto senza tassare abbastanza, soprattutto negli anni Ottanta di De Mita e Craxi. Il debito non si può rinnegare. Nella campagna elettorale del 2008, sia il Pdl sia il Pd hanno promesso di cancellarne una parte vendendo beni dello Stato; è più facile dirlo che farlo. Infatti è da anni che ci si prova senza concludere granché. Per il momento, il debito va pagato. La parte di tasse che serve a questo scopo non si può eliminare.

Resta circa il 25 per cento del prodotto lordo che va a pagare il funzionamento dello Stato e delle altre amministrazioni pubbliche. A quali servizi pubblici siamo disposti a rinunciare? A questo proposito le opinioni possono essere differenti. Un sondaggio del Censis, compiuto in occasione delle elezioni del 2008, dà in lieve aumento la percentuale, maggioritaria, dei cittadini che non temono da un calo delle tasse una riduzione dei servizi pubblici, 63 per cento; il restante 37 per cento invece la teme. Quanto alle priorità della spesa, le più sentite sono (ovviamente) previdenza e sanità: per entrambe un terzo dei cittadini intervistati dal Censis risponde che occorrerebbe spendere di più. Nella lista delle preferenze seguono infrastrutture, scuola, servizi pubblici, ordine pubblico. In coda restano tutela del patrimonio artistico, incentivi alle imprese, difesa.

Di questo quarto del prodotto lordo incassato dallo Stato per coprire le spese del settore pubblico, un po' meno della metà, ovvero l'11 per cento secondo i calcoli della Ragioneria dello Stato, paga stipendi di impiegati. Al contrario di ciò che molti credono, gli impiegati pubblici non sono più numerosi che in altri paesi. Però l'impressione è che non lavorino particolarmente bene; che spendano male il denaro che gli passa per le mani e che potrebbero operare con maggiore efficienza. Questo succede anche nei settori ai cui servizi nessuno vorrebbe rinunciare, come la pubblica sicurezza, la scuola eccetera. Nella sanità, il settore nel quale gli italiani più desidererebbero accrescere le spese, si nascondono notoriamente gli sprechi peggiori. Governo e Parlamento impegnano molto tempo a stabilire in quali direzioni il denaro pubblico dovrebbe essere speso, e pochissimo a controllare come viene effettivamente speso. Qui sta il problema, e non è semplice risolverlo.

Perché nei conti dello Stato si capisce poco

Un'associazione civica milanese di buona volontà propone di inviare il bilancio dello Stato per posta, a tutti i cittadini. Ma anche a prenderlo in mano e a leggerlo, ci si capisce poco. Si può soltanto sapere nelle linee generali a che uso sono destinati i nostri soldi. Per anni, il bilancio dello Stato è stato compilato con un criterio prettamente ragionieristico, senza alcuna visione di fondo; solo alcuni esperti burocrati erano in grado di interpretarlo. Fino al 1999, i capitoli di spesa erano oltre novemila, nutriti dall'illusione che si potesse e dovesse prescrivere nel dettaglio a ogni ufficio pubblico che cosa fare. La riforma di Ciampi ridusse le voci a 1550, stabilendo per ciascuna dei responsabili, le «unità previsionali di base», capaci di individuare le necessità e rispondere dei risultati. Anche così, i più sinceri tra deputati e senatori si lamentavano di non capire nemmeno loro che cosa stavano votando. Le risorse per raggiungere un dato scopo erano suddivise tra troppe voci diverse.

Ora l'oscurità si è un poco diradata, da quando c'è il bilancio «per missioni e programmi» adottato nel 2007 da Tommaso Padoa-Schioppa sul modello francese, e recepito da Tremonti. Ma solo un poco. Si scorgono le grandi linee: come si ripartisce l'enorme massa di denaro che l'amministrazione centrale dello Stato spende. Nel 2008 sono 491,7 miliardi di euro. Il bilancio modello 1999 rispondeva alla domanda «chi gestisce le risorse»; quello nuovo dovrebbe dirci «che cosa viene realizzato con le risorse». Le «missioni» assommano a 34, con al loro interno 169 «programmi». Di grado in grado, la chiarezza diminuisce: in che cosa consistano le «missioni» principali è facile comprenderlo; meno per le minori. Il catalogo dei «programmi» risente dei vizi della burocrazia, e già diventa più arduo da interpretare.

Vediamo di che cosa si tratta. Di ogni 100 euro che gli italiani versano allo Stato, tra imposte dirette, imposte indirette e contributi sociali, 18 vanno a pagare gli interessi sul debito pubblico accumulato, eredità di troppi anni di politiche di bilancio spensierate; tornano a incassarlo quelli di noi che detengono Bot e Btp, oppure gli stranieri che hanno comprato titoli italiani. Di ciò che resta, 22,6 euro vengono trasferiti a Regioni, Province e Comuni, la cui spesa (uno dei grandi punti dolenti) non si è in grado di classificare tra le varie destinazioni; 14,7 sono impiegati nel pagamento delle pensioni; 9 sono spesi per far funzionare la scuola, 1,8 per l'università; 5,3 in altre spese sociali definite «diritti sociali, solidarietà sociale e famiglia»; 4,1 per la difesa, 2 per l'ordine pubblico, 1,6 per la giustizia, 1,7 per i trasporti; 80 centesimi per il soccorso civile, 30 centesimi per i beni culturali, 90 centesimi per la ricerca, 20 centesimi per la casa; più 5,4 euro per gli obblighi internazionali dell'Italia.

Queste sono le «missioni» principali dello Stato, e siamo quasi a 90 euro sui nostri 100 versati al fisco. Manca la sanità, perché di essa si occupano le Regioni. La spesa per far funzionare le istituzioni, sulla quale tanto si è concentrata l'attenzione e che ha generato il rigetto verso la «casta» dei politici, è in realtà di soli 70 centesimi ogni 100 euro che paghiamo di tasse; più altri 70 centesimi per i servizi generali di amministrazione e rappresentanza dello Stato. Il problema vero non sta nei costi della politica (che certamente è bene ridurre) ma nei costi che la politica addossa all'amministrazione, e che si vanno a nascondere nelle sue pieghe, in mille erogazioni a beneficio di questo e di quello, che i burocrati dispongono con sciatteria e su cui in qualche caso fanno la cresta.

Prima missione dello Stato: saldare i vecchi debiti

I costi dell'amministrazione, purtroppo, restano nascosti. Dentro tutte quelle «missioni» ci sono i costi del personale, che non sappiamo se sia bene impiegato, e degli acquisti di beni e servizi necessari, sui quali non sappiamo quanti e quali sprechi avvengano. Quando le «missioni» si suddividono in «programmi», il denaro dei cittadini prende destinazioni diverse e l'oscurità aumenta. Vediamo un esempio tra i più significativi. Dei due euro circa, sui 100 di tasse, che vanno alla tutela dell'ordine pubblico, ci viene detto che 80 centesimi vanno alla «prevenzione generale e controllo del territorio», 43 centesimi al «contrasto al crimine», 31 alla «pubblica sicurezza». Tra queste voci, al profano non è chiaro quale sia la differenza; né trova spiegazione nei documenti in cui la Ragioneria dello Stato illustra il bilancio riclassificato.

Andando a indagare, si scopre che la suddivisione è stata suggerita dal ministero dell'Interno, e non soddisfa nemmeno gli esperti del Tesoro. Di sicuro la Dia, Direzione investigativa antimafia, figura nel programma di contrasto al crimine; i reparti della Celere hanno a che fare con il programma di pubblica sicurezza; ma il commissariato di Ps, mettiamo di Roccacannuccia, svolge tutte e tre quelle funzioni – lotta al crimine, controllo del territorio, pubblica sicurezza – a seconda dei casi. Il resto della «missione ordine pubblico» si suddivide in altri programmi che tengono conto della divisione tra diversi corpi armati: contributo alla sicurezza pubblica dato dalla Guardia di Finanza; controllo dei mari e delle coste, ovvero Capitanerie di porto e Guardia costiera, che sono di competenza del ministero dei Trasporti; «sicurezza in ambito rurale e montano», ovvero Guardie forestali, dipendenti dal ministero delle Politiche agricole.

Dunque i passi avanti verso la chiarezza restano limitati. La suddivisione tra programmi in qualche caso nasce da un inutile concetto astratto, in altri nasconde con parole astratte una realtà spicciola senza spiegarci perché sia così. Sintomatico di come funziona il tutto è il bizzarro intrico per cui gli stipendi dei Carabinieri li paga il ministero della Difesa, perché appartengono alle Forze armate, ma le ore di straordinario, invece, quando sono impiegati in compiti di ordine pubblico, gliele retribuisce il ministero dell'Interno. Rendersi conto di che cosa davvero si faccia resta arduo. Che senso ha dibattere in Parlamento, o discutere sui giornali, se servano più soldi per la «prevenzione» o per il «contrasto» oppure per la «pubblica sicurezza» in generale?

Il risultato è che quando si tenta di risparmiare, c'è sempre chi protesta affermando che si sottraggono fondi a un impiego essenziale per la collettività, e non è facile stabilire torti e ragioni. Ad esempio, nel corso dell'esame parlamentare del disegno di Legge finanziaria 2008, alla «missione ordine pubblico» sono stati tolti 47 milioni di euro. Il centrodestra ne trasse spunto per denunciare che in un momento di ansia per la sicurezza dei cittadini si decurtavano gli stanziamenti alle forze dell'ordine. In seguito, la Ragioneria dello Stato ha chiarito che quel risparmio rifletteva «principalmente gli effetti della razionalizzazione del sistema degli acquisti della pubblica amministrazione», ovvero la lotta agli sprechi; e che era più che compensato «dagli incrementi apportati ai fondi stanziati per l'espletamento dei compiti istituzionali» del ministero dell'Interno, inclusi questi nella missione-omnibus «Fondi da ripartire». A parti politiche invertite, la controversia si è ripetuta, più ampia, sulla manovra 2009-2011.

La fabbrica delle leggi

Se c'è un compito che tutti sono d'accordo ad affidare allo Stato, è appunto la tutela dell'ordine pubblico. Beninteso, a parte i pochi anarchici; o certi estremisti di destra, *libertarians* dell'America profonda, secondo i quali sarebbero sufficienti allo scopo gli sceriffi volontari e le armi che ciascuno ha in casa. Specie oggi, quando la sicurezza preoccupa, non pare una buona idea essere avari di fondi per un servizio tanto importante tra quelli che lo Stato ci offre. Non costa nemmeno molto in proporzione ad altri, come si è visto. Il guaio è che non sappiamo se i fondi destinati a quello scopo siano spesi bene; né se aumentandoli si otterrebbe qualcosa di più, ad esempio una diminuzione del numero di rapine o di scippi. In genere, i politici che prendono a cuore il tema della sicurezza ci promettono una nuova legge, preoccupandosi raramente di quanto siano attuate le norme esistenti e perché, in caso, resti difficile attuarle.

Se si riscontra un problema, occorre fare una nuova legge: il nostro sistema politico ragiona così. In questo modo si è arrivati ad avere un numero di leggi spropositato. Non esiste una stima esatta di quante siano quelle tuttora funzionanti: si va da 20mila a 150mila. La regola è che i ministri fanno notizia quando si approva una nuova legge; così come deputati e senatori fanno notizia per gli emendamenti alla legge più importante di tutte, la finanziaria. Il nostro governo è, nel confronto internazionale, una fabbrica di leggi. Si può anche nominare un ministro senza portafoglio per la delegificazione, come nel governo Berlusconi 4, eppure i suoi colleghi continuano a proporre leggi nuove. Nella legislatura 2006-2008, si era detto che a causa della fragilissima maggioranza in Senato l'attività legislativa era quasi bloccata. Vero, secondo i parametri italiani. Ma i confronti internazionali mostrano che il numero delle leggi approvate si era soltanto abbassato al livello medio degli altri paesi.

Quando nel governo Berlusconi 4 si è discusso se istituire il reato di immigrazione clandestina, la Polizia ha fatto presente che mettendo in campo la giustizia penale si rischiava di allungare i tempi anziché di abbreviarli. Meglio sarebbe stato ricevere i fondi necessari per attuare le espulsioni dei clandestini, già possibili a norma della legge Bossi-Fini. Ma occorreva fare notizia sulla linea dura; cosicché il governo ha annunciato l'intenzione di istituire il reato di immigrazione clandestina, per poi restare indeciso sul se e sul come realizzarla, davanti alle proteste dall'interno e dall'estero. Probabilmente la Polizia riceverà i fondi che chiedeva per le espulsioni. Ma c'era davvero bisogno di soldi in più?

Per l'ordine pubblico non si bada a spese

Sarebbe interessante, ad esempio, sapere perché un pasto di un agente di Ps in servizio costa in media all'amministrazione 6,3 euro, mentre quello di un carabiniere soltanto 3,9, e di un agente della Guardia di Finanza 3,6. Oppure perché l'armamento di un poliziotto costa assai più di quello di un carabiniere, benché quest'ultimo abbia anche compiti militari, e forse per questo abbia bisogno di armi più pesanti. Non si sa. Quando ha provato a indagare sul bilancio del ministero dell'Interno, la nuova Commissione tecnica per la finanza pubblica ha incontrato un muro di gomma. La sovrapposizione di compiti tra Polizia e Carabinieri, retaggio annoso della nostra storia, così come la distribuzione sul territorio delle due forze, restano avvolti nel mistero. Si sa solo che i Carabinieri sono più disseminati, con 6140 presidi, la Polizia più concentrata, con 1861, di cui 360 commissariati.

Non si bada a spese, ma nel senso peggiore dell'espressione. Dentro il bilancio del ministero dell'Interno, negli ultimi anni l'incremento di spesa di gran lunga maggiore ha riguardato il personale, 25 per cento dal 2002 al 2006 a parità di occupati. A dispetto delle iniziative dei vari governi per risparmiare sugli acquisti di beni e servizi, nello stesso periodo questa voce è cresciuta del 34 per cento, per tre quarti a causa della Polizia. Eppure in Parlamento, quando si esaminava la finanziaria per il 2008, è giunta la lamentela che non c'era benzina per far girare le volanti. Una spiegazione possibile è che di fronte ai tagli imposti dal Tesoro, le varie burocrazie si sono rifatte contraendo debiti. All'inizio il taglio sembrava rispettato, poi compariva il debito da saldare e si tornava al punto di prima. Le stesse lamentele sono tornate di fronte ai tagli decisi nella manovra per il 2009. Tanto sono oscuri i conti che il governo Berlusconi 4 ha negato che vi fossero riduzioni di strutture o di servizi, mentre il Partito democratico affiggeva un manifesto dove si paventava la chiusura di un migliaio di presidi.

Come esempio della scarsa chiarezza dei bilanci, le cifre del

2006 mostravano arretrati di pagamento per 408 milioni di euro, di cui 30 per l'affitto delle caserme della Ps e altrettanti per il loro riscaldamento, quasi 10 per le bollette della luce dei Carabinieri, altri 10 per «gestione e noleggio automezzi» dei Vigili del fuoco. Vuol dire che i tagli imposti dall'alto erano insostenibili, dato che non si possono costringere i Carabinieri a lavorare al buio? Può darsi. Ma può darsi anche che sia stata data la precedenza ad altre spese meno necessarie, contraendo debiti per quelle necessarie, in modo da poter piangere miseria in seguito. I trucchi ci sono. Le procedure contabili della Ragioneria e i controlli formali che la Corte dei conti svolge dopo raramente li vedono. I ministri in carica tacciono, nel timore che i burocrati infastiditi si vendichino con qualche tiro mancino. Il bilancio del ministero, si capisce dal rapporto della Commissione tecnica per la finanza pubblica, non rispetta le regole che il Codice civile impone ai bilanci delle aziende.

I burocrati si lamentano che negli ultimi anni, specie con l'immigrazione clandestina, i compiti sono cresciuti ma i fondi no. Però il ministero dell'Interno, come altri ministeri, sembra gestito con criteri di spesa che manderebbero presto in bancarotta qualsiasi azienda. «Si osservano differenze sistematiche tra stanziamenti iniziali, stanziamenti definitivi e impegni: gli stanziamenti iniziali sono sempre ben inferiori a quelli definitivi, gli impegni sono più vicini agli stanziamenti definitivi ma comunque sempre inferiori. Per di più, la divergenza tende negli ultimi anni ad ampliarsi»; in misura tale, scrive la Commissione tecnica per la finanza pubblica, che «l'incertezza sull'effettivo ammontare delle risorse che alla fine saranno disponibili» produce «ovvi riflessi sulla capacità di realizzare una ordinata programmazione». È un disordine autolesionista.

Più carcerieri che detenuti

La quota di spesa che l'Italia destina all'ordine pubblico può sembrare bassa. Invece, nel confronto europeo, è un po' sopra la media, inferiore soltanto alla Gran Bretagna. Sulla carta, il numero di poliziotti e carabinieri presente sul territorio è alquanto superiore a quello degli altri paesi. Il risultato è che, di fronte alla crescente percezione di insicurezza da parte dei cittadini, non si sa bene come comportarsi. Spendere ancora di più? Nell'indagine del Censis già menzionata, solo il 14,4 per cento dei cittadini pensa che questa sia una priorità di spesa; tutti gli altri ne indicano altre. Fare nuove leggi? L'obiezione sensata che viene dalle forze dell'ordine è che una parte del problema sta altrove: nella nostra giustizia che troppo facilmente, e troppo presto, rimette in libertà i criminali; nell'«indulto perpetuo», come lo hanno definito ministri dell'Interno e responsabili della Polizia. Spesso occorre tornare ad arrestare chi è stato scarcerato, dunque c'è più lavoro.

L'indulto è ormai riconosciuto come uno degli errori politici che il governo Prodi 2 ha pagato più severamente. Fu un errore collettivo, peraltro, perché nacque da una richiesta di papa Giovanni Paolo II e fu votato in Parlamento anche da Forza Italia e da una parte di Alleanza nazionale. Si disse che le galere erano strapiene e che non si poteva fare altro che mettere fuori chi aveva commesso reati meno gravi. Eppure, nel breve termine, l'indulto produsse un risultato paradossale: nelle carceri c'erano più carcerieri che detenuti. Più tardi il numero dei detenuti è tornato ad aumentare, ma la sproporzione resta. In un confronto con la Francia sui dati del 2007, a fronte di un numero di carcerati pressoché identico, i nostri secondini sono il 35 per cento in più. Si impiegano per i loro stipendi risorse che potrebbero essere destinate a costruire carceri nuove, e a evitare che si riproduca in futuro il problema del sovraffollamento. L'unica spiegazione offerta dai burocrati è che in Italia i processi sono più lunghi, dunque occorre più personale per le «traduzioni», come vengono chiamate, dalle carceri ai tribunali.

Perché le tasse sono tante e complicate

Non solo non sappiamo bene che fine fanno i soldi che versiamo allo Stato. È anche faticoso farglieli avere, pur con tutta la buona volontà. Alla vista del modulo per la dichiarazione dei redditi 2007, l'economista Tito Boeri si è stupito di trovare «una nebulosa di detrazioni che coprono di tutto e di più, dai congelatori alla televisione digitale, dalle spese sportive dei ragazzi ai personal computer», con il rischio che molti contribuenti restino all'oscuro di qualcuna che potrebbero usare a proprio vantaggio. Eppure tutti i governi che si sono succeduti hanno promesso la «semplificazione del fisco», perché sanno bene che si tratta di un problema serio. La spiegazione è semplice. È colpa della politica fiscale che si fa in Parlamento; delle leggi finanziarie, e del modo in cui vengono approvate.

Lo stesso meccanismo infernale che alimenta la spesa pubblica, costringendo gli italiani a pagare molte tasse, è all'opera anche per renderle complicate, a dispetto dei tentativi dell'uno o dell'altro ministro. Tutte quelle detrazioni, tutti quei codicilli sono frutto della legislazione clientelare. Si cerca di introdurre sgravi mirati di volta in volta a una specifica categoria di contribuenti, e ci si riesce perché ogni piccola misura in sé costa poco, non è un grande onere per la finanza pubblica. Ma la somma dei favori accordati a questo o a quello produce un danno per tutti, rendendo la normativa astrusa per i contribuenti e faticosa da applicare per gli uffici (lamentele simili, peraltro, si registrano negli Stati Uniti contro quello che lì si chiama *Form 1040*).

Un altro economista, Salvatore Tutino, ha notato che il modello Unico 2008 per le persone fisiche, il più semplice, destinato al cittadino che vuole fare da sé senza ricorrere al commercialista o al Caf (Centro di assistenza fiscale), ha per la sola versione base un fascicolo di istruzioni di 153.256 parole in 141 pagine. Anche una novità che sarebbe difficile biasimare, come l'assegno *una tantum* agli «incapienti», ovvero ai redditi bassissimi, comporta «una specie di dichiarazione nella dichiarazione, che duplica le richieste rivolte al contribuente». A 141 pagine di istruzioni si è arrivati, anno dopo anno, con una marcia pressoché ininterrotta. Una drastica semplificazione era avvenuta nel 1993 quando, di fronte alle proteste – perfino del presidente della Repubblica Oscar Luigi Scalfaro – contro il «740 lunare», il governo Ciampi, con il ministro Franco Gallo, aveva ridotto le pagine di istruzioni a 31. Da allora si è saliti alle 64 pagine del 1997, alle 118 del 2000, alle 127 del 2005.

Non sarebbe meglio abbassare le aliquote per tutti, invece di elargire favori all'uno o all'altro? Certo che sarebbe meglio. Ma gli sgravi rivolti a tutti portano poca popolarità. Non si vincono le elezioni ripartendo, mettiamo, 500 milioni di euro tra 25 milioni di contribuenti, a ciascuno dei quali spetteranno, in media, 20 euro. 20 euro non sono un beneficio sufficiente a spostare voti. Suddividendo la stessa somma in misure mirate, l'effetto propagandistico è molto più forte a parità di denaro impiegato. La maggior parte dei contribuenti non riceverà nulla, ma si spera che i gruppi ristretti che ne vengono avvantaggiati possano cambiare le proprie scelte elettorali in modo significativo. Questo è il movente principale delle complicazioni.

Prendiamo un piccolo esempio. La Legge finanziaria per il 2007 ha istituito (con un emendamento presentato durante l'esame parlamentare dal ministro per le Comunicazioni Paolo Gentiloni) uno sgravio fiscale del 20 per cento fino a un massimo di 200 euro, per chi acquista televisori digitali. Bastava essere in regola con il pagamento del canone Tv. Da alcuni quel comma 357 della finanziaria fu lodato come contrappeso democratico alle agevolazioni già garantite dalla legge Gasparri ai produttori di decoder. Valeva per l'anno 2007, ma il regolamento di attuazione uscì soltanto verso la metà di settembre. Vi si specificava che lo scontrino del negozio doveva recare il numero di codice fiscale del contribuente. Quasi tutti coloro che avevano già acquistato l'apparecchio avevano conservato uno scontrino normale, senza codice; si attende contenzioso. Ancora più numerosi sono i contribuenti che, ignorando l'esistenza della norma, non se ne sono avvalsi nelle dichiarazioni dei redditi 2007.

Anche l'elevato numero delle imposte (le «cento tasse degli italiani» secondo un libro che Giulio Tremonti e Giuseppe Vitaletti scrissero molti anni fa) ha un motivo politico. Come suggerisce Vito Tanzi, ex dirigente del Fondo monetario internazionale e grande esperto di sistemi fiscali nel mondo, spesso istituire una nuova imposta pare meno impopolare che aumentarne una vecchia. Il cittadino sa che le grandi imposte riguardano tutti e che resteranno sempre; se si appesantiscono, è più scontento. Una imposta nuova potrebbe più facilmente essere temporanea, e forse non riguardare tutti. I politici paiono convinti che un peso fiscale molto frazionato venga avvertito meno.

Perché gli evasori evadono

È diventato quasi banale dire che in Italia c'è molta evasione fiscale perché le tasse sono troppo alte. Si dice anche che le aliquote fiscali sono salite in modo eccessivo per tentare di recuperare le entrate perdute a causa dell'evasione.

Eppure, come hanno osservato diversi economisti, fra i primi Alberto Alesina e Mauro Maré in un saggio del 1996,[1] l'evasione in Italia era altissima anche negli anni Settanta e Ottanta, quando ancora la nostra pressione fiscale era nettamente al di sotto della media europea. Si tratta di una tradizione antica. Il leader socialista Pietro Nenni, vicepresidente del Consiglio nel governo De Gasperi 2, annotò sul suo diario, il 9 agosto 1946, le considerazioni che gli faceva l'austero direttore generale della Banca d'Italia (e più tardi governatore), Donato Menichella: «La nostra borghesia è ai suoi occhi l'ultima del mondo perché non paga tasse. "Non ha pagato sotto il fascismo – dice – non ha pagato durante la guerra, continua a non pagare"».

Tollerare l'evasione fiscale è stato negli anni Cinquanta uno strumento di governo. La Democrazia cristiana non amava né i grandi capitalisti né gli operai; sognava un paese di ceti medi, tra i quali si contavano la maggior parte dei suoi elettori. I governi tassarono pochissimo prima l'agricoltura poi il commercio. L'Italia è rimasto a lungo uno dei paesi con il maggior numero di negozi per abitante, mentre negli altri la distribuzione commerciale si evolveva verso strutture più grandi e con minori costi. Le due maggiori catene di supermercati italiane sono oggi di proprietà francese, perché da noi un gruppo forte non si è potuto formare in tempo. La bassa tassazione prima, la facilità di evadere poi, hanno favorito il lavoro autonomo; abbiamo una quota altissima di lavoratori autonomi sulla popolazione, 24,6 per cento, anomala nel mondo anche rispetto ad altri paesi mediterranei, come la Spagna che arriva al 17,8 per cento; la Germania ne ha il 10 per cento, Francia e Stati Uniti meno ancora. Piccoli negozi o piccole imprese artigiane spesso sopravvivono solo perché evadono le tasse.

Tutta questa gente vota, ed ecco un altro circolo vizioso. Nessun partito può permettersi di ignorare un quarto della popolazione; nemmeno Rifondazione comunista, che pure vanta di avere come bussola l'interesse dei lavoratori dipendenti e dei pensionati a basso reddito. Fa impressione agli stranieri che talvolta i sindacati Cgil-Cisl-Uil riescano a far scendere in piazza folle di lavoratori dipendenti per protestare contro l'evasione fiscale, fatto pressoché impensabile altrove; ma chi governa deve tenere conto anche di altre manifestazioni con le quali, sia pure in modo non esplicito, si chiede l'opposto. Gli stessi dipendenti contribuiscono all'evasione, se fanno un secondo lavoro in nero. Nei più anziani tra loro c'è il ricordo di quando, prima della riforma fiscale del 1973 che ha introdotto le trattenute fiscali in busta paga, gli italiani evadevano quasi tutti, con rapporti verso il fisco assai poco trasparenti.

Il popolo delle partite Iva

La novità di oggi è che l'alto livello della tassazione ha dato dignità collettiva, corale, alla protesta contro il fisco. Il peso pare eccessivo un po' a tutti. Ma a dare il tono alla protesta sono gli evasori, che all'argomento sono molto più interessati degli altri. Lo aveva già visto Luigi Einaudi nel 1940: «Chi in realtà non paga imposta grida sovra ogni altro, perché egli è convinto di pagare sovra ogni altro». Il suo argomento è attualissimo: oggi molti professionisti sono convinti di sopportare un onere maggiore rispetto ai lavoratori dipendenti di reddito analogo. Ci sono in effetti detrazioni più alte per i redditi da lavoro dipendente; ma oltre un certo livello contano poco. Guarda caso, tra i redditi più alti che vengono dichiarati la quota di lavoratori dipendenti è schiacciante.

Una prova significativa è che l'imposta più odiata sia l'Irap. Come mai? Quando fu istituita, fece anzi risparmiare rispetto ai molti tributi precedenti che sostituiva. Certo, è complicato calcolarla; impone obblighi in più. La vera ragione dell'odio è probabilmente un'altra: è più difficile evaderla. L'Irap grava sul fatturato, non dichiarare il quale è più rischioso, invece che sui ricavi, che possono essere erosi in vari modi. Il 30 per cento dei contribuenti Irap infatti dichiarano valore aggiunto nullo o negativo; sfuggono all'Irpef, ma all'Irap no.

I dati dimostrano che l'evasione è molto diffusa. Il governo Prodi 2 è stato accusato di tartassare i lavoratori autonomi con la revisione degli «studi di settore», ovvero i parametri a cui far corrispondere i redditi delle imprese minori. Il motivo stava in certi trucchi contabili molto diffusi, tipo non indicare i beni strumentali o gonfiare le scorte di magazzino: 3000 ristoranti che indicavano di non possedere cucine e frigoriferi, 360 laboratori di analisi mediche senza strumenti, 555 lavanderie senza lavatrici, 137 tassisti senza automobile; oppure 854 pescherie dove il pesce fresco restava in frigorifero oltre sei mesi. Ora l'obiettivo era di alzare un poco (+8,7 per cento) il livello medio dei ricavi dichiarati. Visco cercava di recuperare così 1,6 miliardi; a consuntivo è arrivato un miliardo.

D'altra parte, in un sondaggio condotto dalla Demoskopea nel 2003, a sostenere che l'evasione è causata dalle tasse troppo alte, e quindi in qualche misura a giustificarla sono il 35 per cento dei lavoratori dipendenti e oltre il 50 per cento degli autonomi. L'espressione «popolo delle partite Iva» racchiude tutto questo, benché tra le partite Iva ci siano molte persone perbene che non evadono proprio nulla. Gli interessi, anche legittimi, dei contribuenti con redditi di lavoro autonomo, per un rapporto con il fisco più semplice e meno vessatorio, soprattutto meno esposto ad arbitri degli uffici tributari e della Guardia di Finanza, vengono impacchettati sotto una dicitura che consente innanzitutto di promuovere gli interessi di chi evade.

I conti dei furbi e quelli degli altri

Un calcolo del Centro studi della Confindustria rivela in modo più preciso lo stato attuale delle cose. Una famiglia modello di lavoratori dipendenti, marito e moglie impiegati, paga allo Stato, sommando tutto quanto, tasse e contributi, il 53 per cento di quanto guadagna. Poiché dalla contabilità nazionale risulta una pressione fiscale media del 43 per cento, vuol dire che molti altri pagano molto meno del 43 per cento. D'altra parte, Silvio Berlusconi ha detto più di una volta che ritiene ingiusto versare allo Stato più di un terzo dei propri redditi; chi può evadere, evade.

Vediamo il conto esemplare ricostruito dagli economisti confindustriali. Si basa su dati tutti pubblici. Il reddito della famiglia, che si ipotizza residente al Nord, è ricavato dall'indagine della Banca d'Italia sui bilanci familiari; la composizione delle spese è ricavata dalle statistiche Istat sui consumi. Il marito, laureato, guadagna al lordo 32.125 euro, la moglie 24.792. In tutto sono 56.917 euro all'anno; al netto dell'Irpef e dei contributi la cifra è rispettivamente di 22.852 e di 18.375 euro: al mese, il marito trova in busta paga 1904 euro, la moglie 1531. Insieme, dispongono di 41.227 euro all'anno, ovvero 3435 al mese, tredicesima compresa.

Alle due imprese che li impiegano, i due coniugi sono costati in tutto 79.123 euro. Nella differenza tra questa cifra e la retribuzione lorda, ci sono 22.206 euro di contributi a carico del datore di lavoro e di Tfr, 5401 euro di contributi a carico dei lavoratori, 10.289 euro di Irpef. Dei loro 3.435 euro netti, i due ne spendono ogni mese circa tremila, il resto lo risparmiano. Sui 36.052 euro di consumi in un anno, le imposte indirette e balzelli vari ammontano a 4021 euro: 3012 di Iva, 315 di accise sulla benzina, 223 di Tarsu, 219 di bollo auto, 106 di canone Tv, e così via. Dunque il netto di 41.227 euro all'anno si contrappone a un carico fiscale che è di 41.917, ottenuto sommando a Irpef e contributi le imposte indirette sui consumi. La concreta pressione fiscale risulta così del 53 per cento.

Naturalmente l'esempio ha i suoi limiti. Mostra che cosa succederebbe se tutti pagassero le tasse. Nella realtà può anche avvenire che una piccola parte dell'evasione Iva, molto ampia, vada a vantaggio del consumatore in minori prezzi, e non soltanto del commerciante che evade. Guardando all'insieme del paese, non è soltanto il lavoro autonomo a evadere; al Sud, dove è diffuso l'impiego in nero, anche datori di lavoro e dipendenti nascondono i loro redditi o non pagano correttamente i contributi; anche al Nord, lavoratori dipendenti regolarmente impiegati hanno anche entrate aggiuntive in nero. Però non c'è uguaglianza: è chiaro che ad alcune categorie sfuggire al fisco riesce meglio che ad altre.

---

[1] A. Monorchio (a cura di), *La finanza pubblica italiana dopo la svolta del 1992*, Il Mulino, Bologna 1996.

Quanto contano le lobby

Le lobby più grandi e potenti, come la Confindustria, l'Associazione bancaria, la Confcommercio, e altre, non hanno bisogno di rivolgersi al *suq*. Trattano direttamente con i governi. Esprimono interessi larghi, che hanno il loro peso nella società, e su cui si dibatte in pubblico; ogni governo è costretto a tenerne conto. Solo in rari casi, su argomenti che darebbero cattiva pubblicità, si dedicano a intrighi parlamentari. Sono lobby, in molti sensi, anche i grandi sindacati. Molto più attive nel tentare di ingraziarsi deputati e senatori, per partecipare al mercato parlamentare, sono invece categorie più ristrette; quelle che ci riescono accompagnano le manovre di corridoio con pressioni dall'esterno, organizzando proteste talvolta rabbiose. Vediamone qualche esempio.

Gli autotrasportatori e il prezzo del gasolio

Piacerebbe a tutti, di questi tempi, ottenere un indennizzo totale dai rincari della benzina o del gasolio. Ci dicono gli economisti che non è possibile, perché è all'estero che dobbiamo pagare il greggio. In un paese che non ha petrolio, come l'Italia, se Tizio riesce a recuperare la maggiore spesa, sarà Caio a pagare di più. Ma qualcuno è riuscito a mettersi al riparo, a scapito degli altri: gli autotrasportatori. È una delle lobby più potenti. Quando si arrabbiano, sono capaci di fermare tutta l'Italia, specie alla vigilia delle ferie o di Natale, con intimidazioni e violenze ai supposti crumiri. Con la manovra economica dell'estate 2008, in barba ai tagli alle spese, hanno ottenuto i soldi che chiedevano: cinque pagine fitte di norme solo per loro, un privilegio unico. La cifra non è grande, 600 milioni di euro; ma è un caso esemplare in cui i benefici di pochi ricadranno sulle spalle di tutti, a carico del bilancio dello Stato.

Nel dicembre 2007, il governo Prodi 2 aveva tentato di resistere. Si beccò un blocco di dodici giorni, con effetti tanto pesanti sulla produzione industriale da risultare nelle statistiche Istat. Il governo Berlusconi 4 benché, a differenza del precedente, dotato di una maggioranza solidissima, ha pensato bene di cedere subito. Quella categoria piccola ma temibile ha ottenuto una soddisfazione che non promette niente di buono per le prossime «manovre». La sola minaccia di un blocco delle autostrade sotto la canicola ha convinto il governo a trovare 200 milioni di euro in più e a recuperare i 400 già promessi dal governo Prodi. Del resto il centrodestra è in rapporti amichevoli con alcune delle associazioni di categoria; Paolo Uggé, presidente della Fai-Conftrasporto, è stato deputato di Forza Italia e addirittura sottosegretario ai Trasporti dal 2003 al 2006.

La ragione per cui in Italia gli autotrasportatori sono tanto importanti è che il trasporto merci su ferrovia non funziona. Quando si fermano gli autotreni, si ferma tutto l'apparato produttivo e distributivo del paese. Proprio questa capacità di ricatto, esercitata da anni, ha costretto i governi a mettere in piedi un sistema di sussidi che alimenta l'inefficienza. I circa 600mila camion che viaggiano appartengono a 140mila imprese, una media di circa quattro camion ciascuna. Più le imprese sono piccole, più è facile che il viaggio di ritorno si faccia a vuoto, con conseguente intasamento delle autostrade. Senza sussidi, si sarebbero create imprese più grandi, più redditizie, capaci di razionalizzare gli spostamenti. Invece campano tutte.

Facendo un calcolo sommario, 600 milioni fanno all'incirca 4000 euro per ogni impresa del settore. «Abbiamo evitato gravi disagi alla popolazione e abbiamo salvato cinque miliardi di produzione», ha commentato il ministro Claudio Scajola. Punto chiave è l'aggancio delle tariffe al prezzo del gasolio: misura che distorce la concorrenza e il mercato, e impone costi all'industria. Infatti la presidente della Confindustria Emma Marcegaglia, di solito pronta a entusiasmarsi per il governo di centrodestra, questa volta si è dissociata: «Non è un bell'esempio». Gli amici di Uggé l'hanno presa a male parole. Una parte dei soldi ottenuti servirà a fare sconti sui pedaggi autostradali; un'altra, per rimborsi sul gasolio. Che gli autotrasportatori, principali utilizzatori di autostrade e gasolio, paghino meno degli altri, è una vera beffa. La Legge finanziaria 2009, con la quale Tremonti vanta di aver detto molti no, a loro ha dato 100 milioni di euro. Chi è forte abbastanza, la diligenza riesce sempre ad assaltarla, come prima.

I forestali e gli incendi

In altri casi è meno evidente il potere di ricatto che un interesse ristretto esercita sul governo nazionale. Però c'è: passa per la politica locale. L'annoso problema dei forestali calabresi tentò di risolverlo il ministro Siniscalco nel 2004. Non c'è riuscito, e i suoi successori nemmeno; i forestali stanno ancora lì, circa diecimila, assunti di anno in anno, tutti ormai piuttosto attempati. È un caso limite, utile per mostrare quali fardelli la spesa pubblica si trascini dietro. Meno grave, seppure simile, è il caso dei «lavoratori socialmente utili» di varie aree del Sud. Per quelli di Palermo, come per gli apicoltori, i fondi tagliati nel maggio 2008 con il decreto Ici sono ricomparsi in giugno con il decreto sulla manovra triennale.

Certo che servono i forestali in Calabria, si dice, perché nella regione sono frequenti gli incendi: un quinto del totale in Italia. Il sospetto diffuso è che la correlazione sia inversa: gli incendi sono parecchi perché i forestali devono giustificare di esserci. Forse di notte qualcuno provvede perché le zone da rimboschire non manchino mai, come lo stesso Berlusconi ha insinuato: «Non si può accettare una situazione nella quale i forestali mettono a dimora le piante e nello stesso tempo si augurano un incendio». La giunta calabrese di centrodestra uscita dalle elezioni del 2000 comprendeva, naturalmente, un assessore alla Forestazione. Alla notizia che i 160 milioni di euro per pagare gli addetti erano stati tagliati, nel novembre 2004 i forestali bloccarono l'autostrada Salerno-Reggio Calabria, la ferrovia, l'aeroporto di Lamezia, gli imbarchi di Villa san Giovanni. All'inizio, Siniscalco si era dichiarato irremovibile: quei soldi no, non li avrebbe sganciati. Oltretutto la Lega Nord non ne voleva sapere.

Si calcola che, in cinquant'anni, i forestali calabresi siano costati almeno 10 miliardi di euro;[1] un tempo erano tre volte tanti. Il governo Berlusconi 2 era dilaniato; preso tra due fuochi, si potrebbe dire, più a proposito che in altri casi. Il 12 dicembre del 2004, un vertice di maggioranza decise di cedere, nominando però commissario speciale il ministro per le Riforme Roberto Calderoli, leghista. Lui dichiarò baldanzoso: «I forestali in Calabria sono troppi. Andrò a verificare come lavorano, cosa fanno. Se rappresentano l'ennesimo esempio di assistenzialismo malato...».[2] Il comma che ne uscì[3] è stato reputato, dai tecnici, uno dei parti legislativi più mostruosi nella storia delle leggi finanziarie: primo, perché scritto in modo da risultare incomprensibile; secondo, perché prevedeva che un ministro vigilasse su un altro. Rappresentava cioè «il primo e unico caso di una istituzione pubblica posta per legge sotto la tutela di un'altra istituzione, nominalmente di pari rango costituzionale», come ha scritto un dirigente della Ragioneria dello Stato.[4] Il centrosinistra calabrese, prossimo a vincere le regionali della primavera successiva, annunziò un ricorso al Tar.

Le norme previste dal comma non sono mai state attuate. Il ministro competente, Gianni Alemanno di An, non aveva nessuna voglia di farsi commissariare da un altro ministro, neppure per soli 160 milioni; invitò Calderoli a venire a guardare le carte nei suoi uffici. Invece in Calabria Calderoli non andò, beccandosi i commenti ironici dell'assessore alla Forestazione,

Dionisio Gallo (Udc): «Resta inteso che se il ministro per le riforme decidesse di conoscere gli operai idraulico-forestali calabresi, noi saremo pronti a riceverlo con i dovuti onori». «Se i forestali sono utili resteranno», corresse il tiro il ministro leghista. La sua nomina a commissario non fu mai formalizzata; prima si disse che occorreva attendere le elezioni regionali, poi non se ne fece più nulla. Nella conferenza stampa di fine 2004 Berlusconi promise una soluzione, con parole dure sul «lavoro fittizio» che in Calabria suscitarono proteste. Di forestali, peraltro, ce ne sono parecchi anche in Sicilia; se ne parla meno perché la regione è a statuto speciale e provvede da sola (ma con i fondi provenienti dalle tasse di tutti).

Un grande sostenitore della loro «stabilizzazione» è stato Salvo Fleres, politico di Forza Italia nell'estate 2008 divenuto relatore sulla manovra economica in Senato, un posto chiave per contribuire alle decisioni di spesa. Nell'agosto 2007 gli ambientalisti hanno denunciato che nel solo parco del Pollino sono scomparsi 2952 ettari di bosco. Nel 2008 l'ex assessore alla Forestazione della Regione Calabria, Dionisio Gallo del Pdl, ex Udc, è stato condannato in primo grado a quattro anni di reclusione in un processo per rapporti fra politici e cosche della 'ndrangheta.

La lobby del riciclaggio

Quelli dei casinò sono subito tornati alla carica, appena aperta la XVI legislatura. «Un ordine del giorno non si nega a nessuno», ha minimizzato il sottosegretario all'Economia Giuseppe Vegas. E così, a margine del voto sulla manovra triennale, nel luglio 2008, la Camera ha anche approvato un ordine del giorno che impegna il governo alla «riapertura del casinò a Taormina e a valutare l'opportunità di altre case da gioco nelle maggiori regioni del Sud». Un ordine nel giorno non obbliga, il governo può fare come gli pare. Però la lobby dei casinò è tenace. Rappresenta una costante dei lavori parlamentari, da anni. Non la frena né il diffuso sospetto che i casinò servano soprattutto a riciclare il denaro sporco, come ha affermato la Direzione nazionale antimafia,[5] né la fama iettatoria che la accompagna (negli anni Ottanta, ogni volta che un ramo del Parlamento approvava una norma su nuovi casinò, si arrivava allo scioglimento anticipato delle Camere).

Tante altre lobby rappresentano precisi interessi costituiti, locali e di categoria, hanno un nome e un indirizzo; mandano nei corridoi di Camera e Senato emissari ben conosciuti ai giornalisti, che non nascondono il loro lavoro. Sono Confindustria, Confcommercio, Confartigianato, Associazione bancaria, Ania, e così via; se ne contano centinaia. Per capire come funziona il rapporto tra Parlamento e paese è forse più interessante andare a vedere quelle che non si dichiarano, che sfuggono la ribalta. In nessuna legislatura sono mai mancati i sostenitori dei casinò; non hanno mai avuto successo presso nessun governo, però insistono. Di legislatura in legislatura, il testimone si trasmette a parlamentari diversi, ugualmente pronti a cogliere ogni momento opportuno per promuovere quella causa.

L'ordine del giorno approvato alla Camera il 23 luglio 2008 ha un carattere, diciamo così, meridionalista. Nasceva infatti dall'interno del Movimento per le autonomie, la piccola formazione del centrodestra che ha le sue basi più forti in Sicilia; ma era sottoscritto anche da Italo Bocchino, ex Alleanza nazionale, vicepresidente vicario del gruppo parlamentare del Pdl. Ma risultano depositate, sotto forma di progetti di legge, anche proposte di impronta nordista. Ad esempio l'on. Marco Zacchera, sempre del Pdl, da lungo tempo attento alla questione, autore di un ordine del giorno bocciato nel 2003 per un solo voto, vorrebbe istituire un casinò a Stresa. Adriano Paroli, stesso gruppo, si accontenterebbe di averla stagionale, la casa da gioco, a San Pellegrino Terme e a Gardone Riviera. Mario Pepe, Pdl anche lui, benché originario della Campania, vorrebbe regalare agli amici del Lazio case da gioco stagionali nei Comuni di Anzio e di Ariccia. Per non parlare di Gianni Alemanno che, non immaginando che sarebbe diventato sindaco di Roma, in campagna elettorale aveva promesso un casinò a Ostia.

Naturalmente i casinò non c'entrano nulla con la manovra economica, anche perché non comportano nuove spese. Ma è lì che i loro sostenitori vorrebbero infilarli, per essere sicuri di spuntarla. Si può sostenere che ne deriverebbero nuove entrate fiscali. Si può escogitare qualche scambio di favori, per cui sarebbero introdotti in cambio del sì a spese che interessano ad altri. Invece i progetti di legge *ad hoc* non passeranno mai. È così che si è creata la consuetudine a inzeppare le leggi finanziarie di qualsiasi materia. Se questa strada sarà sbarrata, come «in via sperimentale» il governo Berlusconi 4 è riuscito a ottenere per il 2009, si cercheranno altre vie, come provvedimenti economici che devono necessariamente essere approvati in tempi certi, o misure urgenti di diverso genere.

Come si aggiustano i concorsi pubblici

Non è vero che il Parlamento sia sordo alla voce del paese: basta che gli giunga abbastanza forte, sostenuta da proteste persistenti, e qualcosa accade. Un sistema politico debole non è tale soltanto di fronte agli interessi forti, padronali, delle grandi aziende, delle grandi corporazioni sindacali, dei centri di potere della pubblica amministrazione, o di categorie dotate di potere di ricatto, come gli autotrasportatori. È noto, per esempio, quanto la lobby dei giornalai, in apparenza minuscola, riesca a ostacolare la libera vendita dei giornali, contro la volontà di editori tra i quali si contano le maggiori potenze economiche del paese. Un caso significativo è quello degli «idonei dell'Agenzia delle Entrate». Poche centinaia di persone, organizzandosi in una piccola lobby, sono riuscite a influenzare il Parlamento ottenendo gran parte di ciò che volevano.

Tutto nasce dalla decisione presa nel 2007 dall'Agenzia delle Entrate, dipendente dal ministero dell'Economia, di indire nuovi concorsi per assunzioni. Si sono ribellati i giovani laureati che erano risultati «idonei» in precedenti concorsi, e che non furono mai assunti. Chiedevano, come spesso avviene nel pubblico impiego, lo «scorrimento» delle graduatorie precedenti, senza che si indicessero nuovi concorsi. Ma l'Agenzia delle Entrate non era soddisfatta delle vecchie graduatorie, perché questi «idonei» non assunti avevano ricevuto nei concorsi voti piuttosto bassi, inferiori a 27 su 30; preferiva piuttosto selezionare persone più capaci, e anche più giovani, assumendo i migliori classificati in concorsi nuovi. Cercava insomma di seguire il criterio del merito, sottolineando senza remore che la caccia agli evasori fiscali è «influenzata fondamentalmente dal fattore intelligenza».[6]

I futuri prescelti per merito non potevano organizzarsi a difesa dei propri diritti. Quelli che avevano già messo un piede dentro, attraverso l'idoneità, potevano. Come spesso avviene, ad ascoltarli furono per primi i partiti estremi, Rifondazione comunista nella maggioranza di allora e Alleanza nazionale all'opposizione. Oltretutto, si diceva, alcuni degli «idonei» avevano già superato il trentaduesimo anno di età, e di conseguenza avevano perso il diritto a un contratto di formazione e lavoro. La commissione Finanze del Senato, guidata dall'ex sindacalista Giorgio Benvenuto, sposò la causa; la commissione bilancio, che aveva all'esame la Legge finanziaria, si fece convincere a dare la priorità agli «idonei» con un apposito emendamento.

Il governo tentò di reagire. I sostenitori degli «idonei» resistettero. Alla fine si arrivò a un compromesso, contenuto nei commi 345 e 346 dell'articolo 1 della Legge finanziaria 2008. L'Agenzia delle Entrate avrebbe indetto il nuovo concorso, per 1180 funzionari antievasione; ma si sarebbe trovato un posto anche ai 750 idonei dei precedenti concorsi, grazie all'Agenzia delle Dogane, che riteneva di potersi accontentare di personale meno brillante. Dopo parecchi mesi di altre complicazioni burocratiche, passando per il cambio di governo che azzerò i vertici delle due Agenzie, scampando ai nuovi limiti alle assunzioni imposti dalla manovra 2009-2011, nell'estate del 2008 la questione sembrava vicina a risolversi.

Gli appalti è meglio spartirli sottobanco

Al centro degli intrecci di potere tra politica e affari stanno gli appalti e le concessioni pubbliche. Gli amministratori aborrono le gare in cui si confrontano diverse offerte e si sceglie in maniera trasparente. Le intese poco chiare non solo alimentano la corruzione, ma a lungo andare danneggiano il sistema economico, perché impediscono una selezione delle imprese più efficienti. L'assenza in Italia di imprese di costruzioni di grandi dimensioni e competitive sul piano internazionale è un'eredità dell'epoca di Tangentopoli. Per troppi anni gli appalti sono stati spartiti sottobanco, dando un po' a questo e un po' a quello secondo le protezioni politiche.

La manovra triennale del governo Berlusconi 4 è stata rapidissima nel cancellare gli obblighi di gara che esistevano nei diversi settori. Oltre a ripristinare le concessioni Tav affidate senza gara, si sono compiuti numerosi interventi in altri settori. Non ci sarà nessun obbligo di gara se si vuole affidare a società private la vendita di immobili pubblici: tipica situazione in cui si può fare la cresta sui prezzi per le convenzioni sull'uso del patrimonio residenziale pubblico. Nessuna gara anche per l'affidamento dei servizi di navigazione regionale, purché a favore di società «interamente partecipate» dalle Regioni. Nessuna gara, anche, per la posa di reti a banda larga.

Ma, soprattutto, si potrà facilmente sfuggire all'obbligo di gara per l'assegnazione dei servizi pubblici locali, imposto da direttive europee. Si viene così incontro a un profondo desiderio degli amministratori locali, senza distinzione di partito. In apparenza, l'articolo di legge dedicato alla liberalizzazione dei servizi pubblici locali stabilisce una serie di regole rigorose che si appellano ai «principi di economicità, efficacia, imparzialità, trasparenza, adeguata pubblicità, non discriminazione, parità di trattamento, mutuo riconoscimento, proporzionalità».

Una sfilza di belle parole, fatte apposta per compiacere i burocrati di Bruxelles. Ma basterà una semplice comunicazione all'Autorità Antitrust per evitare la gara. Nello stesso articolo, al comma successivo si legge che sarà possibile derogare a questi principi «a causa di particolari caratteristiche economiche, sociali, ambientali e geomorfologiche». Basterà darne comunicazione motivata all'Autorità Antitrust, la quale entro 60 giorni dovrà fornire un «parere sui profili di competenza». È stata soprattutto la Lega Nord a insistere perché così fosse.[7] «Noi eravamo frenati da Rifondazione comunista – ha detto Enrico Letta del Pd a Giulio Tremonti in un dibattito pubblico – voi dalla Lega; ognuno ha il suo fardello, ma il nostro progetto era migliore». Anche qui, l'Europa spinge ad aprirsi al mercato e all'efficienza, l'Italia ripiega sulle vecchie pratiche clientelari, in una brama di ritorno al passato.

Lo spettacolo non ama pagare le tasse

Il governo Berlusconi 4 «ha cancellato l'ultima porcata commessa dall'ex ministro Padoa-Schioppa», ha annunciato nel settembre 2008 la deputata Gabriella Carlucci, ex showgirl televisiva e responsabile del dipartimento Spettacolo di Forza Italia. Molte scelte di Padoa-Schioppa sono state controverse, ma di rado gli avversari, perfino quelli più accaniti, hanno accusato il misurato e cortese ex banchiere centrale di aver fatto «porcate». Di che si tratta? Secondo la Carlucci, «un atto irresponsabile e gratuitamente punitivo del governo Prodi», per giunta preso nei suoi ultimi mesi di vita, «soffocava la crescita di migliaia di aziende del settore delle arti e dello spettacolo».

Strano che alla vigilia di una campagna elettorale difficile, uno schieramento politico abbia deciso provvedimenti di tale impopolarità; di solito si eccede in senso opposto. Infatti si trattava di tutt'altro. Era una norma attuativa, risultato di una legge precedente, ed era diretta contro l'evasione fiscale. Per aiutare la società pubblica Equitalia (istituita da Giulio Tremonti, peraltro) a riscuotere le imposte, come è suo compito, Padoa-Schioppa stabiliva il blocco di ogni pagamento di denaro pubblico superiore a 10mila euro alle aziende che fossero in qualsiasi modo inadempienti verso il fisco per una cifra almeno uguale (non per una cifra «di qualunque entità» come affermato dall'on. Carlucci). In parole povere: se paghi le tasse in ritardo, o contesti quanto devi, non puoi riscuotere finanziamenti pubblici importanti.

Di proteste la cosiddetta «porcata» ne aveva sollevate anche altrove; magari da parte di associazioni intitolate alla tutela del contribuente, il cui principale scopo è al contrario la difesa dell'evasore. Nel settore dello spettacolo, che in gran parte vive di sussidi pubblici o commesse pubbliche, sono state più veementi. Fare i difficili con il fisco diventava davvero pericoloso. L'Agis, associazione di categoria, si era immediatamente attivata per chiedere una moratoria. Il centrodestra ha prontamente risposto con una «circolare interpretativa» (se la burocrazia vuole, si può spesso aggirare una legge interpretandola) che esenta il settore dello spettacolo. Ma era così terribile, quella norma? Secondo dati forniti da Equitalia nell'aprile 2008, soltanto l'1 per cento dei pagamenti delle pubbliche amministrazioni era stato bloccato. È bastata la protesta di quei pochissimi colpiti a bloccare un risparmio di denaro pubblico.

---

1 Sergio Rizzo, «Corriere della Sera», 10 dicembre 2004.

2 «Corriere della Sera», 11 dicembre 2004.

3 Vale la pena di riportarlo per esteso, come cattivo esempio, quel testo che poi diventò il comma 163 della Legge finanziaria 2005: «Per la prosecuzione degli interventi di cui all'art. 3, comma 4 bis, del decreto-legge 20 maggio 1993, n. 148, convertito, con modificazioni, dalla legge 19 luglio 1993, n. 236, è autorizzato un contributo di euro 160.102.000 per l'anno 2005. A tal fine, con decreto del Presidente del Consiglio dei Ministri, è nominato un Commissario straordinario del Governo con funzioni di vigilanza sulle modalità di attuazione del presente comma».

4 Cesare Menghi, *1979-2007. Un percorso attraverso 29 finanziarie*, edito a cura del ministero dell'Economia.

5 «Corriere della Sera», 28 gennaio 2008.

6 Relazione tecnica del governo a un emendamento presentato al Senato il 30 novembre 2007.

7 Francesco Giavazzi, «Corriere della Sera», 1° settembre 2008.

È tutta colpa della casta?

In Italia lo Stato redistribuisce circa la metà della ricchezza prodotta ogni anno. È grosso modo ciò che avviene in tutto il resto d'Europa. Lo Stato deve fornire servizi di base, come tutela dell'ordine pubblico, istruzione, sanità, aiutare i più deboli, attenuare le disuguaglianze sociali, aiutare a superare le difficoltà economiche. È proprio su tutta questa redistribuzione che la politica costruisce il proprio potere. Ha la tentazione di strafare; di usare le risorse dello Stato per accrescere il proprio consenso; specie nei momenti in cui teme di perderlo. Delle distorsioni della politica approfitta una amministrazione pigra, abituata a scaricare le proprie responsabilità per continuare a fare i propri comodi.

È vero che lo Stato dà ai cittadini meno di quanto riceve. I motivi sono soprattutto tre: 1) un decimo abbondante della spesa va a pagare i vecchi debiti lasciati dalle politiche scriteriate del passato; 2) l'amministrazione pubblica, in cui sono impiegati 15 italiani su 100, è forte abbastanza per respingere i controlli sulla propria efficienza; 3) sugli italiani che pagano le tasse secondo le regole gravano le inadempienze della consistente minoranza, forse il 20 per cento, che in parte le evade. Eppure le tasse incassate non arrivano a coprire tutte le spese: lo Stato resta in deficit. Si spende troppo, soprattutto si spende male. Ma le soluzioni non sono facili.

Gli obiettivi prioritari che i cittadini vorrebbero che la politica economica del governo si ponesse, secondo un sondaggio del Censis, sono nell'ordine: attenuare le disuguaglianze sociali (27 per cento) e ridurre le tasse (20 per cento). Per raggiungere il primo obiettivo, la spesa pubblica è visibilmente inefficiente: non raggiunge chi ha davvero bisogno. Il secondo obiettivo pare fuori dalla portata del nostro sistema politico: non si riescono a calare le tasse perché la spesa aumenta sempre; e non a favore dei bisognosi, appunto. Una interpretazione corrente è che i politici spendano soprattutto per sé, ovvero per la «casta» e per le clientele che le fanno capo. Qualcosa di vero c'è, ma la faccenda è molto più complicata.

Le fameliche tribù

L'immagine del politico che si adopera per far stanziare soldi da spendere a proprio piacimento coglie soltanto una parte della realtà. C'è un reale scambio di messaggi. A modo loro, i politici dialogano con la società che li ha eletti. È semplicistico affermare che i corrotti «rubano»; più esatto è dire che i corrotti fanno la cresta sui soldi che erogano a favore dei cittadini.

«Negli emendamenti alla finanziaria, all'80 per cento deputati e senatori interpretano richieste del proprio elettorato», sostiene Andrea Monorchio, ex ragioniere generale dello Stato. Dentro le aule di Montecitorio e di palazzo Madama, le richieste del paese sono arrivate; solo alcune sono state soddisfatte, in una apparente lotteria che in realtà è fatta di scambi di favori tra l'uno e l'altro, di compromessi dettati dal momento e dalla necessità di creare consenso. Protestano le categorie o gli interessi locali il cui nome non compare nella lista. E se non si tratta di spese si tratta di sgravi fiscali mirati, che più sono mirati più contribuiscono allo spreco.

La casta dei politici, le cui colpe sono sotto gli occhi di tutti, è assediata da decine di grandi caste e centinaia di piccole, ognuna delle quali pretende vantaggi in cambio del proprio consenso. Più che caste, sono tribù. Grandi e piccole tribù fameliche, rese ancor più arroganti proprio dall'impopolarità in cui vedono precipitata la casta politica. La politica non trova altro rimedio alla sua generale carenza di consenso che nel tentare di blandire volta a volta questo o quell'interesse particolare. Dal conto loro i rappresentanti degli interessi, di fronte a una politica debole, si mettono a fare politica anch'essi; fatto che introduce un'ulteriore complicazione. Al consueto *do ut des* si sovrappongono disegni sulla sorte del governo, in aiuto a una parte politica piuttosto che a un'altra. Con un potere più accentrato, lo scambio si farà lo stesso, seppur con meno sbavature, al ministero dell'Economia.

I cittadini allo Stato chiedono soltanto soldi, perché non credono che dallo Stato possano arrivare servizi efficienti o iniziative valide. In un paese che già di suo è scarso di senso civico, l'evidente inettitudine delle strutture pubbliche disincentiva ogni residua speranza. Per decenni i politici hanno distribuito denaro per tacitare chi protestava, e ci si attende che continuino a farlo. Il circolo vizioso si è ormai insediato nei comportamenti di tutti. Riformare ciò che non funziona sembra velleitario, i grandi progetti suonano truffaldini; di conseguenza ci si ingegna a strappare un vantaggio o uno sgravio, solo a proprio favore. Un economista stimato sia dal centrodestra sia dal centrosinistra, Mario Monti, vede nell'insofferenza crescente verso i politici il rischio che «la società civile tenda ad autoassolversi, a considerare lo Stato e le tasse come il male principale, a non vedere come un male le tutele corporative in cui ogni categoria si rinchiude a riccio».

Non c'è dubbio che dovrebbe essere la politica per prima a ritrovare il senso dell'interesse generale. Giulio Tremonti, nel Dpef 2009-2013 che servirà da programma a tutta la XVI legislatura, si è mostrato cosciente del problema. L'inizio del documento suona così: «L'interesse generale non è fatto dalla somma degli interessi particolari, non è fatto dalla somma degli egoismi individuali e dei blocchi corporativi, opposti gli uni agli altri. Agire nella logica dell'interesse generale è in specie il dovere di un governo che governa, che prima ascolta ma poi decide che cosa è giusto. Cosa è giusto in generale, non per i singoli presi a uno a uno». Sono concetti che suonano come una autocritica profonda al modo in cui il centrodestra, guidato dalle stesse persone, si è comportato tra il 2001 e il 2005. Per ora i fatti vanno in senso opposto: la manovra 2009 aumenta la pressione fiscale e non riduce le spese correnti.

Com'è che i pochi prevalgono sui molti

Per capire il meccanismo perverso della spesa può servire un apologo. C'era una volta un'amministrazione comunale che, per migliorare i trasporti pubblici, costruì una linea di tram veloce, chiamandola pomposamente «metropolitana leggera». Le vetture viaggiavano rapide fra transenne di metallo, con i semafori che scattavano automatici al loro passaggio. Gli utenti – una grande quantità di persone che doveva spostarsi per andare al lavoro, muovendosi dalle periferie anche lontane fino al centro – erano soddisfatti. Però altri cittadini no. I commercianti si lamentavano che la strada tagliata in due dalle transenne riduceva gli affari; gli abitanti del quartiere protestavano contro i percorsi troppo lunghi fino ai varchi pedonali, o contro le code ai semafori troppo spesso rossi; mentre i tassisti chiedevano di poter viaggiare anche loro sopra i binari, per fare prima.

Alla fine, le transenne furono rimosse, e i semafori riportati al loro ciclo regolare; i taxi furono fatti entrare sulla corsia preferenziale, rallentando ancor più i tram. Rimasero scontenti gli utenti della ex «metropolitana leggera», che probabilmente erano molto più numerosi dei negozianti, degli abitanti del quartiere e dei tassisti messi insieme. Ma i negozianti, gli abitanti del quartiere, i tassisti erano rappresentati da associazioni di categoria o da gruppi di protesta, e dunque potevano influire in modo diretto sulla circoscrizione comunale dove la linea si trovava, e attraverso di essa sulle decisioni del Comune; mentre gli utenti, dispersi fra tutti gli elettori non solo di quella circoscrizione, non erano rappresentati da nessuno.

Così accade anche in grande. È un fenomeno ben noto, e studiato da politologi e sociologi. Il cittadino è incentivato a organizzarsi in un piccolo gruppo, per ottenere vantaggi concreti e immediati, piuttosto che in un gruppo grande. I gruppi che difendono interessi ristretti sono più coesi e più capaci di farsi sentire. Così i politici si illudono che siano i piccoli gruppi a rappresentare la società civile. La parte più nobile del mestiere della politica, in realtà, dovrebbe essere quella di distinguere l'interesse collettivo, di farlo emergere, di dargli voce; ma non è facile, e i politici preferiscono adeguarsi a ciò che trovano. Ad esempio, il nuovo sindaco di Roma Gianni Alemanno ha creduto di fare cosa gradita ai cittadini abolendo il pagamento per la sosta dell'auto. Dando retta a una minoranza vociante ha peggiorato le condizioni del traffico e del parcheggio per la grande maggioranza dei cittadini.

Avviene qualcosa di simile in tutte le grandi democrazie. Il Congresso degli Stati Uniti è sempre, quale ne sia la maggioranza politica, ostile a misure per ostacolare la libera vendita delle armi da fuoco, tradizionale negli Usa e sostenuta da una potente lobby. Però un ipotetico referendum nazionale sul tema, dicono i sondaggi, avrebbe un esito in bilico. Sugli accordi di Kyoto, pure respinti da gran parte del sistema politico americano, un sì dei cittadini sarebbe stato assai probabile. La democrazia, nata per dare voce agli interessi della maggioranza, viene deviata dalla pressione organizzata degli interessi particolari, che spesso riescono a prevalere sulle maggioranze. In Italia il caso è ancora più grave, a causa di un sistema politico malato.

Liberalizzare è gradito, però non si fa

Un esempio chiave di quanto appena detto è quello delle liberalizzazioni del luglio 2006 che, secondo i sondaggi di opinione, godevano del consenso del 60 per cento o più degli italiani. Il «pacchetto Bersani» prevedeva una serie di interventi per favorire la concorrenza in alcuni settori dell'economia: farmacie, assicurazioni, panetterie, servizi professionali, banche e trasporti. Dopo l'impulso iniziale, risultò sempre più difficile far approvare il decreto al Parlamento. A parole, la gran maggioranza, dall'Ulivo a Forza Italia, era favorevole in linea di principio. Tuttavia, con l'avanzare dell'iter parlamentare, aumentavano i compromessi sui singoli provvedimenti. In concreto, gli interessi concentrati, quelli di chi ha privilegi (o rendite di posizione, come dicono gli economisti) da difendere, prevalgono su quelli diffusi della maggioranza dei cittadini che con le liberalizzazioni avrebbero ottenuto prezzi più bassi e servizi più efficienti. Il caso dei taxi è solo il più evidente.

Alle misure di Bersani la resistenza delle categorie colpite fu durissima: più sguaiati, anzi violenti, i tassisti, ma ostinati tutti, dai farmacisti ai notai, dagli avvocati ai panettieri. Il centrodestra, fatta eccezione per l'«avremmo dovuto farlo noi» di pochi liberisti coerenti, scelse di cavalcare tutte le proteste.[1] Si disse ad esempio che la vendita dei prodotti farmaceutici «da banco» al supermercato era nel solo interesse delle cooperative rosse, e avrebbe portato a un abuso di farmaci. È vero che la Coop era la più pronta a sfruttare l'occasione, ma nulla impediva ai supermercati privati di approfittarne; hanno beneficiato della norma anche molte piccole «parafarmacie». I dati segnalano un esito positivo: i prezzi sono diminuiti, il consumo non è aumentato.

Così come ridurre le spese, anche liberalizzare a parole piace a tutti, ma in concreto trova ostacoli enormi perché tutti proteggono le posizioni di privilegio, anche modeste, di cui godono. Una prova la si ebbe nelle settimane successive sulle pagine de «Il Sole 24 Ore»: la linea ufficiale del quotidiano era favorevole al decreto Bersani, per convinzione genuina del direttore e dei principali editorialisti, sorretta dal vertice della Confindustria che del giornale è proprietaria; eppure fu necessario dare enfasi anche a tutte le lamentele e tutte le obiezioni delle lobby economiche che su quel quotidiano sono abituate a esprimersi attraverso canali di comunicazione consolidati.

Scrisse allora sul «Corriere della Sera» l'economista Francesco Giavazzi:[2] «La situazione difficile dei nostri conti pubblici non è la causa prima, bensì la conseguenza del virus che ha colpito l'Italia. Il nodo è la scarsa libertà economica, i mille vincoli che impediscono alle imprese di crescere, un mercato del lavoro che protegge chi un posto ce l'ha a scapito di chi ne è escluso, uno scarso senso civico che – complici i condoni di Tremonti – induce tanti, e soprattutto i più furbi e abbienti, ad evadere il fisco. Il valore del "pacchetto Bersani" non sta tanto nelle singole misure, peraltro significative, bensì nel segnale che finalmente si ha il coraggio di non sottomettersi alla pressione delle lobby. Finora nessuno c'era riuscito».

Un grande fautore del libero mercato come il professor Mario Monti notò che esiste in Italia «una grande coalizione di alleati inconsapevoli contro le liberalizzazioni e l'equità sociale, formata da gran parte del centrodestra e dalla parte radicale e conservatrice dell'estrema sinistra».[3]

Lo scambio dei favori

I traffici fra parlamentari che appesantiscono la legislazione sono cosa nota in tutte le democrazie del mondo – alla Camera dei Comuni britannica lo chiamano *horse trading*, mercato dei cavalli, al Congresso Usa *logrolling*, scambio di favori[4] – ma in nessun paese, negli ultimi anni, la sessione di bilancio è stata tanto faticosa quanto in Italia, né è diventata un evento tanto visibile all'opinione pubblica. Il paradosso finale è che il lungo torneo parlamentare incide poco sulle tendenze di fondo della spesa pubblica, determinate dall'accumulo di leggi passate che la burocrazia governa in silenzio. La spinta a una legislazione «di consenso» parte dai governi, dai ministri che li compongono, dagli enti locali, da tutte le branche dell'amministrazione pubblica. Resta in tutto il mondo politico, e nei gruppi di interesse che gli si rivolgono, l'equivoco che un'ampia, comprensiva «manovra» ogni anno sia necessaria per imprimere la spinta giusta all'economia.

Così si continuano ad accumulare misure che costano e che inevitabilmente aggravano la spesa, o complicano le tasse. Succede anche negli Stati Uniti, dove nella primavera del 2008 il

Congresso ha votato a larghissima maggioranza una lunga lista di sussidi a un'agricoltura benissimo in grado di reggersi da sola, anzi arricchita dai rialzi dei prezzi alimentari sui mercati internazionali; vi compaiono sgravi per gli allevatori di purosangue e per quelli di capre da lana. Nel 2007 il presidente Bush aveva denunciato che nella legge nazionale di bilancio comparivano ben 8900 microprogetti di interesse spicciolo (nel gergo politico, *pork barrel*: alla lettera carne di maiale conservata sotto sale in un barile, che si regalava agli schiavi quando si comportavano bene). Nel settembre 2008, dentro il «pacchetto Paulson» delle misure di emergenza contro la crisi finanziaria, si è infilato persino uno sgravio fiscale per i produttori di freccette giocattolo in legno.

Però in Italia siamo vicini al punto di rottura. I partiti politici non sono in grado di esprimere progetti coerenti, unitari, in nome dei quali, appellandosi direttamente ai cittadini, possano dire no alle lobby. Solo i ministri del Tesoro tecnici, e non sempre, hanno trovato la forza di mettere qualche freno alla spesa: i migliori risultati li hanno ottenuti Carlo Azeglio Ciampi e Tommaso Padoa-Schioppa, entrambi formatisi alla Banca d'Italia. Dalla sua esperienza ha maturato un giudizio radicale l'ex ministro tecnico Domenico Siniscalco: «Sono convinto che il bilancio pubblico con la crescita economica c'entri poco. Penso che tutte le misure sulle quali il Parlamento spende ogni anno tre mesi siano misure di consenso ma non di crescita».

Chi risana il bilancio perde le elezioni?

L'esperienza degli ultimi anni, purtroppo, dimostra che dalla malattia il paese non vuole guarire. Sono gli elettori, prima o poi, a rimandare a casa le maggioranze che hanno scontentato molte lobby allo stesso tempo. Nessuno ha mai vinto le elezioni per aver somministrato la medicina giusta. Gli economisti ripetono che il bilancio dello Stato si deve rimettere a posto riducendo le spese, e che si sbaglia a farlo aumentando le entrate. Dicono anche che per ridare dinamismo all'economia occorre liberalizzare. Risponde uno dei politici più navigati d'Europa, il primo ministro lussemburghese Jean-Claude Juncker: «Sappiamo benissimo che cosa si deve fare. Il guaio è che non sappiamo come vincere le elezioni dopo averlo fatto». In Italia il problema è più serio che altrove.

Soltanto quando lo Stato italiano era sull'orlo della bancarotta il nostro sistema politico è riuscito a ridurre davvero la spesa, con il governo Ciampi, nel 1993. Le basi le aveva gettate, nel pieno dell'emergenza, il governo precedente, l'Amato 1 del 1992. Altri governi sono riusciti almeno a tenere le spese ferme (in proporzione al prodotto lordo): il Dini nel 1995, il Prodi 1 nel 1996-98 e il Prodi 2 nel 2006-2008. Tutti gli altri governi degli ultimi anni le hanno aumentate; in modo particolare il Berlusconi 2 e il Berlusconi 3 dal 2001 al 2005. Se la spesa non cala, ogni tentativo di abbassare il carico fiscale si scontra prima o poi con il Patto di stabilità europeo, che impedisce a ciascun paese dell'area euro di recare danno agli altri con il proprio deficit.

Ha conservato una buona reputazione, ma non guadagnò consensi il governo guidato da Carlo Azeglio Ciampi, l'unico a seguire la ricetta consigliata da tutti gli economisti: ridurre le spese, non aumentare le tasse. La prima vittoria elettorale di Berlusconi nel 1994 profittò di una reazione di rigetto contro i rimedi severi adottati da Ciampi; cavalcò la protesta fiscale nata dai forti aggravi di imposte decisi non da Ciampi ma dal governo precedente, l'Amato 1. I successivi tentativi di rimettere a posto i conti pubblici, a cominciare da quello del governo Prodi 1 al quale Ciampi partecipò come ministro del Tesoro, sono stati realizzati attraverso un aumento della pressione fiscale. I meccanismi della politica avevano ripreso forza; il paese si è così stancato del risanamento.

Nel complesso, le coalizioni di centrosinistra si sono dimostrate più attente ai conti pubblici rispetto a quelle di centrodestra; però sempre sbilanciate dal lato delle tasse. Sotto la pressione delle urne, anche il centrosinistra si è comportato male: lo ha fatto tra la metà del 2000 e l'inizio del 2001, nel periodo di sbandamento tra la sconfitta alle elezioni regionali e le elezioni politiche; lo ha rifatto, su scala più limitata, tra il 2007 e il 2008, con un accordo sulle pensioni che ha addossato oneri notevoli sugli anni successivi, e con nuovi provvedimenti di spesa. Senza la conversione di rotta di metà anno, la Legge finanziaria 2007 avrebbe portato il bilancio pubblico, in un anno solo, a pochi passi dal sospirato pareggio, tanto sollecitato dalle autorità europee.

Le ragioni dell'alternanza politica sono molte e complesse; la caduta del governo Prodi 2 è il risultato di una serie di errori che va dall'indulto alla spazzatura di Napoli, passando per gli interminabili litigi tra i troppi partiti interni alla coalizione. Certo si è rivelato disastroso, in termini di consenso, perseguire il risanamento del bilancio senza fermare il meccanismo clientelare della spesa. Così si è dovuto tassare il paese due volte, una per risanare il bilancio e una per finanziare le spese volute dai partiti o necessarie a procacciarsi il consenso dei grandi gruppi di interesse, a cominciare dalla Confindustria e dai sindacati. Dal conseguente disastro elettorale, il centrosinistra pare aver tratto la conclusione che mettere in ordine il bilancio non paga: «Sul risanamento abbiamo già dato, ora basta», ha detto Pierluigi Bersani.

Di chi è la colpa

Certo, i politici prosperano distribuendo denaro; guadagnano consensi e nutrono il meccanismo di clientele e di favori che a loro fa capo. Comune a entrambi gli schieramenti italiani è stato, su tutte le leggi finanziarie, il disordinato spettacolo parlamentare dell'«assalto alla diligenza». Forse ora si riuscirà a eliminarlo o a ridurlo. Però la propensione ad accrescere la spesa è radicata nei comportamenti dei governi, anche i più forti, nella sciatta irresponsabilità delle amministrazioni pubbliche, nell'intero rapporto fra la politica e la società civile. I nostri politici non sono una razza di alieni intenta a opprimere malcapitati nativi senza colpe. Come cittadini, nel raccontarci le colpe loro, vere, tendiamo troppo spesso ad assolverci dalle nostre.

È accaduto già quindici anni fa. Il dissesto finanziario dello Stato, che aveva spinto l'Italia sull'orlo della bancarotta nell'autunno del 1992, venne con grande semplicità, nell'opinione popolare, addebitato alle tangenti. Ovvero: i soldi allo Stato mancano perché i politici se li sono rubati. Ora è ben chiaro che le tangenti incassate dai politici furono enormi, ed è giusto vedere punito chi se ne è appropriato; ma un debito pubblico superiore al prodotto interno lordo del paese, un debito che oggi, ancora aumentato, oltrepassa il trilione e mezzo di euro per dirla all'americana, non poteva essersi accumulato soltanto così. Lo aveva alimentato la distribuzione di risorse a pioggia a grandi parti dell'intero paese. I politici avevano trattenuto una quota dei soldi che redistribuivano. Però il grosso di quei soldi arrivavano a noi.

Quell'interpretazione grossolana, del deficit dello Stato come frutto delle tangenti, si diffuse tanto da spingere poi la gente a votare per il più ricco di tutti «perché avendo già tanti soldi non ha bisogno di rubare» (come si sentiva dire spesso in treno o in autobus). Se quell'equivoco si creò, è perché alla crisi di Tangentopoli era mancata una soluzione convincente. Rimedi chiari ed efficaci perché la corruzione non si ripetesse non erano stati individuati e indicati all'opinione pubblica; salvo privatizzare banche e imprese di Stato, un buon risultato da mettere all'attivo degli anni Novanta. Lo squilibrio dei bilanci venne ripianato soprattutto con le tasse, ovvero con un sacrificio collettivo e abbastanza indiscriminato, piuttosto che con interventi sulle spese capaci di riesaminare i benefici eccessivi che negli anni precedenti erano stati erogati.

Potrebbe accadere di nuovo, nell'esasperazione contro la «casta» dei politici. È vero che i nostri parlamentari sono i meglio pagati d'Europa; è vero che godono di prebende spesso scandalose; è vero che sono troppi, distribuiti su sei livelli di governo elettivo (dalle circoscrizioni cittadine al Parlamento europeo) di cui certamente uno, le Province, potrebbe essere eliminato senza danno. Però l'ingovernabilità della spesa pubblica non è dovuta alle paghe per i portaborse degli eletti o ai rimborsi elettorali dei partiti; i grandi numeri sono altrove. I grandi numeri sono nei costi di un'amministrazione inefficiente: scuole che, con insegnanti più numerosi rispetto agli altri paesi, danno ai ragazzi una formazione peggiore. I grandi numeri sono nei sussidi di cui gran parte del paese si avvantaggia, come le tariffe ferroviarie, inferiori a quelle degli altri paesi, e però difficili da aumentare perché il servizio è cattivo, e inoltre manca la capacità di fare sconti adeguati a chi deve viaggiare spesso per lavoro.

Ben venga una riduzione dei costi della politica; ma non ci si illuda che sia risolutiva. Uno stipendio agli eletti occorre pagarlo, altrimenti chi non è benestante non potrà mai essere eletto. In una qualche misura un finanziamento ai partiti occorre riconoscerlo, per evitare che nelle campagne elettorali riesca a gridare più forte chi ha già i mezzi, o chi ruba dalle tangenti con maggiore destrezza. Il grosso delle spese che appesantiscono il bilancio dello Stato – lo si vedrà bene nella storia delle leggi finanziarie – non è denaro che i politici prendono per sé; è denaro che i politici distribuiscono ai cittadini, sperando così di conservarne il consenso. Per incanalare quella giusta esasperazione, e riuscire a rinnovare il paese, la buona politica dovrebbe saper distinguere i problemi reali, senza nascondere che ci siamo dentro un po' tutti; altrimenti, prevarrà la demagogia. Dice ancora Mario Monti: «Siamo anche noi italiani, e il nostro modo di chiuderci in tante caste, a dover cambiare, non solo i nostri politici».

Ci siamo dentro tutti; il male è radicato in profondità. Da un'indagine del Censis condotta nell'aprile 2008 risulta che «per un quarto degli elettori il rapporto con la politica ha un carattere patologico, è scambio di favori, richiesta di soluzione di problemi personali che altrimenti non sarebbero in grado di risolvere». La percentuale risulta più elevata tra chi ha votato per il centrodestra. Nell'insieme, il 6,1 per cento degli italiani risponde che ha chiesto raccomandazioni politiche per un problema di salute, il 5,2 per cento per trovare un posto di lavoro a figli o parenti, il 4,4 per cento per «garantire i propri diritti sul lavoro», il 3,5 per cento per accelerare una pratica di pensione, il 3,2 per cento per «ungere le ruote», come si usa dire, ovvero accelerare una procedura amministrativa. Notano i ricercatori del Censis che oltre un terzo degli intervistati non ha risposto alla domanda, caso unico fra tutte quelle poste durante il sondaggio; è facile il sospetto che oltre al quarto che ammette di aver chiesto favori ci sia un'altra consistente quota che lo ha fatto, ma se ne vergogna.

---

1 «Corriere della Sera», 2 luglio 2006.
2 «Corriere della Sera», 1° luglio 2006.
3 «Corriere della Sera», 8 dicembre 2006.
4 *Logrolling*: termine che in origine definiva l'aiuto reciproco che i vicini di casa si scambiavano per sgombrare il terreno dai tronchi degli alberi abbattuti (*logs*).

Le bugie dei politici sulla finanza pubblica

Tutti i politici dicono bugie, in tutto il mondo. Nella campagna per le primarie Usa, Barack Obama continuava a impegnarsi a rivedere l'accordo di libero scambio (il Nafta) con il Messico e il Canada. Di nascosto un suo consigliere economico era andato a tranquillizzare l'ambasciata canadese: si trattava di balle per procacciarsi consenso, se Obama fosse diventato presidente il Nafta non sarebbe stato toccato. La stampa americana lo è venuta a sapere e ha smascherato la bugia; perché non perde occasione per rinfacciare ai politici che oggi stanno dicendo il contrario di quanto dicevano ieri, o di far notare che il tale parlamentare sta criticando una decisione a cui nel Congresso aveva dato voto favorevole.

Da noi i giornali sembrano poco interessati a mettere in evidenza queste doppiezze. Solo in certi casi lo fanno, è successo di recente; ricordiamo il caso di Gianfranco Fini e Giulio Tremonti, che si erano detti, pur con riserve, a favore dell'acquisto di Alitalia da parte di Air France, e che hanno cambiato idea dopo che Berlusconi ha proclamato che occorreva conservare l'azienda in mani italiane. Nel campo della finanza pubblica, stare attenti alle lingue biforcute è particolarmente necessario. Soprattutto perché l'argomento è oscuro, e dire bugie è molto più facile. Spesso le bugie le bevono anche commentatori autorevoli. In alcuni casi esistono sul serio margini di incertezza che possono essere sfruttati a favore dell'una o dell'altra parte politica.

In Italia di bugie se ne dicono più che altrove. Non c'è da stupirsene, in un paese in cui la televisione pubblica è per la maggior parte agli ordini del governo in carica e la televisione privata è costantemente agli ordini di una sola parte politica, il centrodestra. Di bugie ne esistono di due tipi: quelle ben congegnate, che si ha l'ambizione di far riportare da tutti i media, e quelle grossolane, che si sa verranno raccolte solo dai media schierati dalla parte politica a cui si appartiene. Il principale filtro che i quotidiani indipendenti esercitano è di lasciar perdere le bugie grossolane; in quelle ben congegnate qualche volta ci cascano, qualche volta no. La via più facile è riportare il pro e il contro, le tesi di una parte e quelle dell'altra, senza indagare su come stiano davvero le cose, perché indagare costa fatica.

Eppure sull'economia, e in particolare sulla finanza pubblica, le bugie seguono schemi ricorrenti. Ci sono quelle che si dicono quando si sta al governo e quelle che si dicono quando si sta all'opposizione. Quelle per l'inizio di una legislatura sono molto diverse da quelle adatte a una campagna elettorale. Numeri che la gente capisce poco possono essere stiracchiati in un senso o nell'altro. È accaduto che gli stessi dati Istat fossero citati dagli uni come segno di un successo del governo, dagli altri come prova certa del suo fallimento. Se la stessa indagine mostra sia un aumento degli occupati sia un aumento dei disoccupati (come può accadere, contrariamente al comune buon senso, se la quota di popolazione disposta a lavorare aumenta), non sarà difficile prevedere chi sottolineerà il primo aspetto dimenticando il secondo, e chi invece farà l'opposto.

Vediamo un esempio di comportamenti del tutto speculari. Sull'Ici, l'imposta comunale sugli immobili, si è scatenata una competizione tra i due schieramenti; invano scoraggiata dal governatore della Banca d'Italia Mario Draghi e da altri economisti, secondo cui altre riduzioni di tasse, a parità di risorse impegnate, sarebbero state assai più benefiche per l'economia. Nel 2004, quando un processo di revisione degli estimi catastali fu avviato dal governo di centrodestra, fu il centrosinistra a sostenere che in quel modo sarebbe surrettiziamente aumentata l'Ici. Nel 2006, quando la stessa revisione, da demandare ai Comuni, fu accelerata dal governo di centrosinistra, gli stessi esponenti del centrodestra che prima la descrivevano innocua, anzi equa, perché «ristabiliva la verità storica sul valore degli immobili» (specie nei centri storici dove ex catapecchie erano diventate alloggi di lusso), ora gridavano al latrocinio.

Quando, nella campagna elettorale 2006, Berlusconi promise di abolire del tutto l'Ici sulla prima casa, il centrosinistra, preso alla sprovvista, ribatté che senza quell'entrata i Comuni si sarebbero trovati in gravissime difficoltà. Un anno e mezzo dopo, quando il centrosinistra adottò un forte sgravio dell'Ici sulla prima casa, le difficoltà per i Comuni furono minimizzate; ma i Comuni, anche quelli guidati dal centrosinistra, protestarono perché non venivano indennizzati in pieno, con il centrodestra schierato per appoggiarli. Ora che il governo Berlusconi 4 ha mantenuto la promessa di abolire del tutto l'Ici sulla prima casa, i rappresentanti del centrodestra giurano che ai Comuni non ne verrà nessun danno, mentre il centrosinistra alza la voce. La prontezza con cui i due schieramenti politici si scambiano le parti in commedia fa sospettare che ritengano il pubblico incapace di seguirne la trama.

Non simmetrico, invece, è il contrasto sui conti pubblici, perché nell'insieme il centrosinistra può vantare risultati migliori, o meno peggiori; nonostante i media di centrodestra mettano tutto il loro impegno a tentare di dimostrare il contrario. Speculari sono solo gli schemi retorici che vengono adottati per descrivere i fatti secondo la propria convenienza. E la lingua biforcuta pare inevitabile, perché agli elettori è difficile raccontare la verità di un continuo lavorio di fare e disfare dal quale non si esce mai. In regime di alternanza politica, ogni governo che entra in carica dopo le elezioni ricorre, quale più quale meno, a una precisa doppiezza: da una parte occorre calcare su quanto pesante sia l'eredità di deficit che si riceve dal governo precedente; dall'altra, occorre mantenere in misura accettabile le proprie promesse elettorali, che ovviamente costano, e aumentano il deficit.

La differenza tra una manovra giusta e una sbagliata

Diverse sono le doppiezze della «manovra». Ogni volta, la maggioranza sosterrà che si tratta di un provvedimento che risana i conti senza pesare sui cittadini; la minoranza dirà che al contrario si pesa sui cittadini senza risanare i conti. Da nessuna delle due parti le affermazioni possono essere interamente vere: sia gli uni sia gli altri si contraddicono (non solo in Italia: la ministra delle Finanze francese, Christine Lagarde, affermava di aver varato per il 2008 «un bilancio rigoroso per una crescita vigorosa»). Per non farsi cogliere in fallo, si può differenziare il linguaggio a seconda dell'uditorio. Se ci sono aumenti di tasse, l'opposizione, davanti al grosso pubblico, agiterà lo spauracchio della stangata, o della torchiatura fiscale; davanti a un pubblico evoluto, o agli osservatori esteri, sottolineerà invece temi più raffinati, come il mancato contenimento delle spese. Se invece le tasse vengono ridotte, l'opposizione, davanti al grosso pubblico, si ingegnerà a sostenere che si tratta di sgravi finti o irrilevanti; mentre tra le élite si mostrerà preoccupata del deficit che aumenta.

Tale è la forza di questi schemi, che tendono a ripetersi nel rito della sessione di bilancio perfino quando si tratta di manovre di eccezionale pesantezza, che nemmeno chi sta al governo può negare, come quella per il 2007; o, al contrario, quando sono di preoccupante leggerezza, come quella adottata dallo stesso governo Prodi 2 per il 2008. Però, nel caso di una manovra molto pesante, i politici più astuti al governo parleranno di sacrifici necessari per guarire il paese, all'opposizione di maldestro eccesso nelle cure. Nel caso di una manovra che allarga i cordoni della borsa invece di stringerli, come quella per il 2008, chi è al governo sorvolerà sul fatto che i conti pubblici peggiorano; gli oppositori denunceranno, specie se il voto è vicino, l'operazione elettorale. Se lo sgravio fiscale adottato dai propri avversari è sufficientemente modesto, si può deriderlo come irrilevante; se è significativo, si ripiega sul denunciarne la demagogia, o si sostiene che andrà a favore solo di alcuni e non di altri.

Ad esempio, chi può aver detto: «Questa manovra deprime l'economia, taglia le spese senza una logica, danneggia settori essenziali, non fa nulla per i cittadini»? Risposta a piacere: il centrodestra, all'opposizione nell'autunno 2006, o il centrosinistra, nell'autunno 2008. Nessuna differenza nei concetti. Volta a volta si deprecano i risparmi sugli enti locali o sulla sicurezza, sul Sud o sul Nord. D'altra parte, anche gli strumenti si somigliano. Almeno nelle intenzioni, i tagli alle spese della Difesa contenuti nella manovra Tremonti dell'estate 2008 vanno oltre i più azzardati sogni dei pacifisti nella legislatura precedente. Nella gran confusione del bilancio pubblico, alla fine la bussola dei politici è una sola: quello che facciamo noi è giusto, quello che fanno gli altri è sbagliato.

Come si truccano i numeri

Anche sulla valutazione dei risultati si può barare. La finanza pubblica è abbastanza complicata, e sfaccettata, perché tutti possano trovare una cifra che sembra confortare le proprie tesi. Un caso elementare è quello della spesa pubblica. Di anno in anno, la sua evoluzione può essere misurata in tre modi: in cifra, ossia, per dirla nel gergo degli economisti, «in termini nominali»; tenendo conto dell'inflazione, ossia «in termini reali»; o, ancora, comparandola al prodotto interno lordo, che quasi ogni anno aumenta, seppure nell'Italia di oggi con ritmo assai lento. Ad esempio nel 2007, rispetto al 2006, le spese pubbliche correnti (cioè escluse quelle per investimenti) al netto degli interessi sul debito: 1) in cifra, sono cresciute del 3,6 per cento; 2) tenendo conto dell'aumento dei prezzi, sono cresciute dell'1,2 per cento; 3) in rapporto al prodotto lordo sono calate dello 0,1 per cento. Non è difficile prevedere quale delle tre cifre sarà scelta da chi vuole parlare male di quell'esperienza politica e quale da chi vuole parlarne bene.

Margini di interpretazione ci sono sempre, e dividono anche gli studiosi. Le vere bugie sopravvengono quando si comparano pere con mele, ad esempio usando un criterio per alcuni anni e un altro per altri. La materia è abbastanza oscura da dare spazio anche a giochi di prestigio. Il luogo ideale per farli è la televisione, purché in sala non siano presenti esperti in grado di smascherarli. Oppure si possono fare affermazioni apodittiche citando dati falsi secondo tutti gli indici possibili. Più un politico è potente, meno i giornalisti si azzardano a contestare ciò che dice. A questo proposito, gli economisti del sito www.lavoce.info hanno fatto notare che, proprio sulla spesa pubblica, Silvio Berlusconi in campagna elettorale ha detto una grossa bugia, a «Porta a Porta» il 12 febbraio 2008. «Noi almeno per la spesa pubblica siamo riusciti a fare meglio dei governi precedenti», ha detto il leader del Popolo della libertà.

Si tratta di un'affermazione falsa secondo tutte e tre le misurazioni di cui sopra. Secondo il criterio 1 e il criterio 2, i due governi Berlusconi dal 2001 al 2005 non hanno cambiato nulla rispetto ai precedenti Prodi 1, D'Alema e Amato; secondo il criterio 3, che nel medio periodo è il più importante, hanno fatto molto peggio, con un aumento della spesa di circa due punti in confronto a una sostanziale stazionarietà. Quando, nel giugno 2008, la Corte dei conti ha affermato che l'Italia ha bruciato 70 miliardi di «dividendo dell'euro», è bastato guardare le cifre per capire che l'accusa si riferiva soprattutto agli anni in cui ha governato il centrodestra.

Ugualmente falsa è l'altra affermazione di Berlusconi secondo cui i suoi governi sono stati «gli unici dal 1968 a oggi a diminuire di due punti la pressione fiscale». L'ha detto a «Radio anch'io» il 9 aprile 2008. Negli anni dal 2001 al 2005 la pressione fiscale è diminuita solo di 0,7 punti del prodotto lordo, ossia in tutto il quinquennio meno di quanto, nella campagna elettorale del 2001, il centrodestra aveva promesso di fare in ciascuno dei cinque anni (un punto per anno). Inoltre, la conseguenza è stata una procedura europea di infrazione al Patto di stabilità; perché nel frattempo, appunto, la spesa aumentava a rotta di collo.

Anche qui fa capolino lo scambio di parti in commedia; perché nel rivendicare a sé il merito del miglioramento dei conti pubblici nel 2006, il centrodestra sostiene invece che soprattutto all'opera di Tremonti si deve attribuire l'aumento delle entrate fiscali in quell'anno. Un precedente scambio di parti fu quello del 2000, quando il centrosinistra per timore di perdere, come poi avvenne, le elezioni politiche dell'anno dopo, adottò forti sgravi fiscali senza adeguata copertura in bilancio: proprio come fino al giorno prima aveva accusato i suoi avversari di voler fare. Prontissimo il centrodestra si immedesimò nel ruolo di guardiano del rigore di bilancio, per abbandonarlo pochi mesi dopo aver conquistato il potere. Così è, se vi pare.

Il gioco delle tre carte

Un abile trucco è quello con cui il governo Berlusconi 4 ha lasciato invariata la pressione fiscale del 2008 mentre dichiarava di ridurla, e ha mantenuto pressoché invariate le spese mentre assicurava di tagliarle; sostenendo allo stesso tempo che toglieva ai ricchi per dare ai poveri. Lo ha potuto fare scomponendo gli interventi in due, e costruendo attorno a ciascuno un'immagine diversa. Il primo atto è consistito nell'abolizione dell'Ici sulla prima casa, e nella detassazione degli straordinari, per il momento temporanea: coperti grazie ai tagli alle spese. I conti sembravano chiarissimi, nel decreto-legge del 27 maggio 2008 che conteneva questi due sgravi. I 2,5 miliardi di minori entrate nel 2008 erano compensati da minori spese per quasi altrettanto, e da alcune voci minori di entrata. Tutto filava.

Poco dopo il governo ha emanato un altro decreto legge, quello con la pretesa *Robin Hood tax* a carico di banche, assicurazioni e compagnie petrolifere. Si è detto che le maggiori entrate, circa due miliardi di euro nell'anno 2008, servivano alla «perequazione fiscale», perifrasi burocratica con cui appunto si intende togliere ai ricchi per dare ai poveri. Guardando nel dettaglio, però, si scopriva che solo il 10 per cento del maggiore incasso, ossia 200 milioni di euro, andava, per dirla con i burocrati, al «Fondo speciale destinato alle esigenze di natura alimentare e di natura energetica dei cittadini meno abbienti». Il grosso della parte restante del nuovo gettito, 1,3 miliardi, veniva destinato a nuove spese, o a reintegrare quelle tagliate dal decreto-legge precedente.

Sommando gli effetti dei due provvedimenti, il gioco delle tre carte è svelato. Gli aggravi per banchieri e petrolieri hanno coperto il grosso dell'abolizione dell'Ici sulla prima casa; dunque sono stati trasferiti non ai poveri, ma a famiglie di reddito medio-alto (gli alloggi più modesti erano già esenti dall'Ici). Le spese sono state tagliate molto poco. In più, per esagerare l'effetto delle decisioni prese, sono state fatte circolare cifre infondate sull'effetto degli sgravi fiscali. Secondo un calcolo condiviso dallo stesso ministro del Welfare Maurizio Sacconi, l'effetto medio pro-capite per ogni italiano del decreto su Ici e straordinari è di circa 45 euro di tasse in meno. Però su molti giornali si è letto che le famiglie italiane avrebbero risparmiato «quasi uno stipendio», ossia «fino a 1400 euro». Era una cifra falsa, avvicinabile solo in alcuni casi limite. Si calcolava in 200 euro il risparmio per l'accordo con le banche sui mutui, che è solo un rinvio di spese con interessi. Il risparmio sull'Ici, 500 euro, si riferiva a una casa abbastanza ampia in una città grande. Lo sgravio sugli straordinari, 760 euro, era relativo al massimo di ore straordinarie possibile per due coniugi che rientrassero entrambi nel reddito massimo ammesso all'agevolazione, 30mila euro.

Nei bilanci non si capisce niente

Dire bugie è facile perché i bilanci pubblici italiani sono tra i più oscuri del mondo. Lo ha certificato nel 2007 una missione speciale del Fondo monetario, richiesta dal governo Prodi 2; la guidava un'esperta dirigente, Teresa Ter-Minassian che, sotto il cognome del marito armeno, nasconde un'origine italiana, e dunque sa bene di che cosa parla. Nel rapporto di quella missione si legge che il bilancio dello Stato era allora un testo pressoché incomprensibile anche a chi lo presentava, il governo, e a chi lo votava, deputati e senatori. Questo perché: 1) «il grosso della spesa pubblica viene definito di anno in anno con cambiamenti marginali, senza un riesame approfondito della validità dei programmi di spesa in essere e con una scarsa rispondenza tra priorità del governo e scelte di bilancio»; 2) la struttura «eccessivamente frammentata» del testo portato in Parlamento comprende «circa 1500 voci che non presentano una chiara relazione con gli obiettivi di spesa».

Aiutato dal quel documento, Padoa-Schioppa è riuscito a introdurre una riforma del bilancio basata su «missioni» e «programmi». Quando la propose, la prima risposta dei burocrati fu che non si poteva fare, perché le difficoltà tecniche erano troppo grandi, e si rischiava addirittura che fosse illegale. A riforma realizzata (con una direttiva del luglio 2007), la Ragioneria ha organizzato un convegno dedicato a vantare la propria bravura nel difficile compito di conciliare le vecchie regole (che non sono scomparse) con le nuove. Lo schema è stato seguito per la prima volta nel disegno di Legge finanziaria 2008: 34 missioni, 169 programmi. Tremonti lo ha volentieri ripreso; ma è naufragato il suo tentativo di usarlo per affidare al ministro il potere di spostare fondi da un programma a un altro senza passare per il voto parlamentare. Il ministro potrà agire d'urgenza, ma senza la conferma parlamentare lo spostamento sarà nullo.

Per di più, le regole della contabilità italiana, con cui è steso il bilancio dello Stato, danno una rappresentazione delle cifre che è del tutto diversa da quella, pure convenzionale, dei criteri statistici Eurostat, che servono per controllare il rispetto del Patto europeo. Fino a non molto tempo fa, il Parlamento lavorava sulla contabilità italiana senza preoccuparsi dei parametri europei, e la cifra esatta che poi risultava dalla contabilità europea era una scommessa. Da qualche tempo, la Ragioneria fornisce anche stime sulla contabilità europea; però presentano incertezze e margini di discrezionalità. Nel luglio 2008 è finito in autogol un tentativo di Tremonti, e del sottosegretario all'Economia Giuseppe Vegas, di riportare a unità le regole.

Volevano rendere obbligatoria per ogni provvedimento anche la copertura finanziaria secondo la regola europea dell'«indebitamento netto». Non si sono accorti che così rendevano illegale il primo provvedimento importante del governo Berlusconi 4, quello sull'Ici e sugli straordinari; il presidente della Repubblica non ha potuto firmarlo per una settimana, finché non ha visto annullato il nuovo obbligo.

Chi custodisce i conti: la Ragioneria generale

«Alla Ragioneria generale sono tutti massoni», è da sempre la chiacchiera politica. La diceria si è rafforzata in tempi recenti a causa della scelta di un logo che ricorda la squadra e il compasso della massoneria. Ma si tratta di una coincidenza, perché l'origine di quel triangolo inscritto in un cerchio con la scritta «Rgs» è innocente. Basta entrare nella stanza del ragioniere generale per avvedersene: lì è affissa una copia del famoso quadro rinascimentale di autore ignoto, forse Jacopo de' Barbari, conservato al Museo di Capodimonte a Napoli, che raffigura Luca Pacioli, il frate francescano che inventò le regole della partita doppia, indispensabili per tenere la contabilità. Nel quadro originale, Pacioli è rappresentato mentre spiega un teorema geometrico, e la figura sul tavolo è appunto quel triangolo. A scegliere il simbolo fu Vittorio Grilli, l'unico ragioniere generale venuto dall'esterno, che la struttura sopportò a fatica, considerandolo un estraneo.

Volendo essere pignoli la squadra e il compasso, simboli della massoneria, nel quadro di Capodimonte ci sono anche loro, abbandonati sul tavolo; ma l'unico massone provato fu il tredicesimo ragioniere, Gaetano Stammati, che occupò la carica di ragioniere generale dal 1967 al 1972. Piduista, Stammati fu anche l'unico a godere di una carriera politica successiva, come ministro in diversi governi nella seconda metà degli anni Settanta. Di sicuro la Ragioneria è una burocrazia chiusa, orgogliosa dei suoi 139 anni di storia, fin dai primi anni dell'unità d'Italia. Il suo vasto potere su tutte le amministrazioni pubbliche risale al 1924, quando Mussolini cercò di porre rimedio agli scandali sulle forniture della Prima guerra mondiale.

Fino alla fine degli anni Ottanta, il ragioniere generale era il funzionario di grado più alto di tutto il pubblico impiego, insieme con il capo della Polizia. Quando, nel 1981, un personaggio di spicco come Mario Sarcinelli arrivò alla direzione generale del Tesoro, all'interno del ministero il ragioniere era un suo superiore, non un pari grado come adesso; e per pochi mesi, all'inizio, a ricoprire quel ruolo fu ancora il potentissimo Vincenzo Milazzo, una delle vere eminenze grigie della Prima Repubblica. Milazzo, in carica come quindicesimo ragioniere generale dal 1974 al gennaio 1983, era stato al contempo capo di gabinetto di Giulio Andreotti alla presidenza del Consiglio. Oggi quel cumulo di cariche non sarebbe più consentito; nel 2001 Andrea Monorchio, diciassettesimo ragioniere, l'avrebbe desiderato ma non l'ha ottenuto.

La verità dei ragionieri

Solo alla Ragioneria hanno i veri numeri, e non li dicono a nessuno, si sente dire negli altri ministeri. Spesso non se li dicono nemmeno tra di loro, gli otto ispettori generali a capo delle principali branche in cui la Ragioneria è divisa. Infatti non esiste nemmeno una banca dati comune. Pare che soltanto Giuseppe Lucibello, ispettore generale per gli ordinamenti del personale, sappia quanti sono in tutto i dipendenti dello Stato, e a quanto assommino i loro stipendi (con frequente imbarazzo dell'Aran, l'agenzia incaricata di fare da controparte ai sindacati nei rinnovi dei contratti); che soltanto Francesco Massicci, l'ispettore generale per la spesa sociale, sappia quanto costino le pensioni; e così via. Tutti hanno fatto la loro carriera soltanto lì, salendo di grado in grado, con rari passaggi tra un settore e l'altro, cosicché risulta anche difficile coordinarli.

I dirigenti della Ragioneria, nel giudizio degli esperti di finanza pubblica, sono bravissimi, appunto, come ragionieri: legati a criteri di contabilità superati nel mondo moderno, inadatti a capire come si spendono davvero i soldi dello Stato, e se vanno sprecati o no. Padoa-Schioppa voleva modificare questi assetti pietrificati, ma non ci riuscì. Pochi mesi dopo essere entrato in carica, alla conferenza annuale della Ragioneria del 2006, alluse con garbo al problema, spiegando che se criteri di promozione simili fossero stati in vigore alla Banca d'Italia, «un giovane capoufficio a Macerata, laureato in filologia classica e non in economia» non sarebbe mai diventato qualcuno: si trattava di Carlo Azeglio Ciampi. «Le energie che si trovano dentro una istituzione sono spesso superiori a quanto si crede», concluse.

Entrambi gli schieramenti politici, in tempi diversi, hanno sentito il bisogno di far entrare aria nuova alla Ragioneria, in modo da non dipenderne troppo. Anche Antonio Fazio, nelle sue strampalate ambizioni, brigò per metterci un uomo suo, e certo uno dei pochi in grado di capirci davvero qualcosa, il dirigente della Banca d'Italia Giancarlo Morcaldo. Solo il centrodestra è riuscito a nominare un esterno, quando all'uscita di Monorchio nel 2002 ci piazzò Grilli. Una prima offerta era stata rivolta all'economista Francesco Giavazzi, ex dirigente generale del ministero del Tesoro, che rifiutò. Tanto si riteneva delicata quella nomina, che Silvio Berlusconi sentì il bisogno di ascoltare il parere del presidente della Repubblica Carlo Azeglio Ciampi; e si scelse un personaggio che con Ciampi al Tesoro aveva collaborato. Su Grilli, formatosi in università inglesi e americane, anche il centrosinistra diede giudizi molto favorevoli: basti ricordare che Vincenzo Visco, il gran nemico di Tremonti, dichiarò: «Per una volta Tremonti ha fatto quello che avrei fatto anch'io». Una delle prime scoperte del nuovo arrivato fu che l'uso della posta elettronica era ancora poco diffuso; i suoi sottoposti si attendevano da lui delle carte.

Tanto importante era la carica, che erano circolati altri nomi di primissimo piano, come il capoufficio studi dell'Ocse Ignazio Visco (nessuna parentela con Vincenzo Visco), la cui carica era in scadenza, e il banchiere Carlo Salvatori. Grilli, quarantaseienne all'epoca, tentò di innovare, soprattutto evitando di tenere documenti nel cassetto per tirarli fuori al momento opportuno; ma quella che dall'esterno fu giudicata maggiore trasparenza, all'interno fu osteggiata. Dai burocrati Grilli veniva definito distante, snob, irritabile, talvolta annoiato dai problemi tecnici; si insinuava che la sua passione per il gioco del golf sottraesse tempo al lavoro. Si mugugnò contro l'obbligo di un *badge* per accedere al corridoio dei dirigenti generali. I sindacati gli rimproverarono il ricorso a 33 consiglieri esterni e le richieste di lavoro straordinario al personale senza prima consultarli. Per tentare di colpirlo, una denuncia anonima segnalò alla Corte dei conti le spese per la ristrutturazione del suo ufficio, che ammontavano a 900mila euro; si scoprì peraltro che le aveva ordinate Monorchio.

Quando nel maggio 2005, dopo quasi tre anni, Grilli fu spostato da Siniscalco alla direzione generale del Tesoro – ora una carica di grado pari, e certo più adatta alle sue competenze – si disse che non ne poteva più. I suoi nemici gli addebitarono il fallimento del controllo della spesa con la regola del 2 per cento, tentato da Siniscalco: si disse che un interno, un vero ragioniere, avrebbe escogitato tecniche più raffinate. Forse in fine legislatura il centrodestra preferiva un funzionario cresciuto nel pubblico impiego, con minori velleità di giudizio indipendente rispetto al governo: a un ministro di An fu attribuita la battuta «ora faremo la finanziaria che vogliamo noi». In chiaro, Gianni Alemanno dichiarò: «Mario Canzio garantirà il livello tecnico di Grilli ma ha, in più, una maggiore conoscenza della macchina».

Non si accettano dirigenti dall'esterno

Pochi mesi prima, Grilli aveva insistito per indicare nella Relazione del Tesoro tutti i rischi che correva la finanza pubblica; e fu quello infatti l'anno in cui si violarono le regole europee sul deficit. Grilli aveva istituito l'uso di «negare il visto della Ragioneria alle leggi prive di copertura finanziaria», scrisse Francesco Giavazzi sul «Corriere della Sera», mentre il nuovo ragioniere, l'interno Mario Canzio, era «persona molto modesta». Se Berlusconi «voleva dar l'impressione di voler politicizzare i conti pubblici – scriveva ancora Giavazzi – riducendo a ragione i tecnici, meglio non poteva fare». La stampa di destra, soprattutto quella vicina ad Alleanza nazionale, ribatté che Canzio, salernitano, da 33 anni in Ragioneria, già capo della segreteria di Monorchio, era qualificatissimo. Come in altri casi, alla voglia di «rivoltare l'Italia come un calzino» espressa dal centrodestra nel 1994 e nel 2001, si sostituiva il compromesso con tutti i vecchi poteri.

Certo, Canzio non si è messo nei guai all'interno del ministero. Sia o no un simpatizzante di An, perfino il sindacato di estrema sinistra Rdb-Cub, che lì è forte, lo tratta con le molle. I suoi estimatori dicono che non si stanca mai di argomentare, e che si arrabbia di rado. Alla vigilia delle elezioni del 2006, in aprile, Canzio assicurava che le cifre da lui scritte nella Relazione di cassa consegnata a Tremonti erano quelle giuste. A leggere tra le righe, qualche cautissimo dubbio si trovava; ma l'anno precedente Grilli aveva ottenuto di esporre i rischi nella prima pagina. Due mesi dopo, in giugno, alla verifica ordinata da Padoa-Schioppa e malissimo sopportata, dal lato delle spese erano saltati fuori almeno altri 5,82 miliardi di euro. Poiché dall'altro lato c'era anche un aumento di entrate, la Ragioneria si difese, lo scostamento a saldo era solo dello 0,23 per cento: poca cosa, quasi normale dati i grandi numeri in ballo.

Anche per questo motivo, nel governo Prodi 2 si pose di nuovo il problema di rinnovare la Ragioneria. Sia i prodiani sia i Ds erano favorevoli a scegliere un esterno. Però Padoa-Schioppa, sempre cauto nel rimuovere le persone, esitò a lungo, e alla fine decise per il no. I nomi che si facevano erano quelli di due personaggi della Banca d'Italia: il direttore centrale Ignazio Visco, che poi Draghi promosse a vicedirettore generale, e Daniele Franco, il principale esperto di finanza pubblica, futuro capo del Servizio studi. L'ideale sarebbe stato poterceli mettere entrambi. Ma il ministro dell'Economia conosceva bene l'esperienza fatta da Grilli e concluse che un altro inserimento esterno non avrebbe risolto problemi annosi; non sarebbe bastato sostituire Canzio, a cui peraltro trovava delle buone qualità. Entro i 90 giorni assegnati al nuovo governo per i ricambi di dirigenti, lo confermò.

Di tensioni se ne crearono presto, tra lo staff del ministro e la Ragioneria. Canzio affermò di essere trattato con costante freddezza. Nell'autunno del 2006 comparve un emendamento del governo alla Legge finanziaria che avrebbe permesso di rimuovere i dirigenti generali del ministero dell'Economia in carica da più di sei anni. Era chiaramente una norma mirata contro qualcuno. Girò voce che si trattava di un espediente per rimuovere alcuni potentissimi personaggi della Ragioneria, come Lucibello e Massicci. In effetti l'idea c'era, non di destituire o degradare, ma di cambiare di posto, evitando l'identificazione tra persona e carica. Però si riuscì a farne nulla, perché in Parlamento prevalsero i protettori dell'inamovibilità: tra i 1364 commi del mostruoso testo della finanziaria votato in dicembre, quello non compariva più. Al contrario si cercava di indorare la pillola della nuova Commissione tecnica per la revisione della spesa, che i burocrati osteggiavano: la Ragioneria riceveva 3 milioni di euro all'anno per «potenziare gli strumenti di analisi e monitoraggio». Per dialogare con la Commissione, si stabiliva che la Ragioneria creasse al proprio interno un Ufficio studi, ma con personale proprio, senza inserimenti esterni.

Lo scontro tra Canzio e Padoa-Schioppa

Un vero conflitto è venuto alla luce durante l'esame della Legge finanziaria 2007; sarebbe stato strano il contrario, dato l'assalto ai conti pubblici in un Senato dove la maggioranza era di un solo voto. All'inizio di novembre, Canzio si impuntò, contraddicendo il ministro su una questione di copertura finanziaria per appena 94 milioni di euro; il centrodestra ne fece un gran baccano. Padoa-Schioppa gli disse freddamente che lo capiva, ma che ormai si era preso la responsabilità politica di dare la copertura e che i soldi andavano trovati. Fu in quel momento che il ministro si pentì di avere confermato Canzio. I senatori del centrosinistra sospettavano che a Giuseppe Vegas, l'esperto di conti di Forza Italia, fosse arrivata notizia delle obiezioni della Ragioneria prima ancora che venissero comunicate ufficialmente. In commissione bilancio infatti Vegas aveva chiesto che il termine per presentare i subemendamenti all'emendamento contestato decorresse, in via eccezionale, dall'arrivo della relazione tecnica della Ragioneria; come se sapesse già che avrebbe detto di no.

Nella seduta in aula, il 7 novembre, il presidente della commissione bilancio Enrico Morando (Pd) fu duro contro la Ragioneria: disse in sostanza che l'obiezione sulla copertura poteva avere un fondamento, ma che non capiva perché sei mesi prima lo stesso ragioniere generale avesse invece accettato una copertura dello stesso tipo. C'era un margine di discrezionalità nel valutare i comportamenti di spesa delle amministrazioni che una volta era stato usato in un senso, la successiva in un altro. Un curioso piccolo mistero è che su «Il Sole 24 Ore» uscirono due commenti a distanza di due giorni, uno a favore di Canzio, l'altro contro; ma la duplicità dei possibili giudizi è nelle cose, sta nelle troppe funzioni concentrate nella Ragioneria. Se è il guardiano imparziale dei conti pubblici, ne deve essere meglio tutelata l'autonomia dai governi, ma non deve esercitare potere; se invece sui conti esercita potere, in una democrazia ogni sua iniziativa deve essere sottoposta al governo, e il ragioniere non deve risentirsi se il ministro, come in quell'occasione, ricorda che si tratta soltanto «di uno dei quattro dipartimenti del ministero dell'Economia».

Tra i collaboratori di Padoa-Schioppa l'impressione che il ragioniere generale giocasse ormai in campo avverso si rafforzò qualche settimana dopo, in una occasione simile, alla Camera. In quel caso, la questione se sopprimere o no la società «Coni servizi» dipendente dal Comitato olimpico nazionale, divideva entrambi gli schieramenti; di nuovo Forza Italia parve sapere in anticipo che la Ragioneria avrebbe dichiarato non coperto quell'emendamento al disegno di Legge finanziaria. Il sottosegretario all'Economia Nicola Sartor, a scanso di guai, tolse la norma dal maxiemendamento del governo. Non poteva fare altro, per evitare la trappola che si stava costruendo; si infuriò il presidente della commissione Cultura (competente anche per lo sport) Pietro Folena, di Rifondazione, secondo cui il governo salvava una greppia clientelare figlia della finanza creativa di Tremonti. Sintomatico fu che, quando, al voto finale sulla finanziaria, la Ragioneria commise un errore tecnico in un allegato di classificazione delle spese, il centrodestra evitò con cura di sfruttare l'occasione, anzi si profuse in lodi a Canzio. All'avvicinarsi delle elezioni del 2008, dalla Ragioneria uscirono indiscrezioni sui conti che il centrodestra cercò di sfruttare a discredito di Padoa-Schioppa.

Controllare i controllori

La Ragioneria è temuta. Innovarla senza forzature politiche è davvero arduo: perché i numeri della finanza pubblica non è in grado di controllarli nessuno. La Banca d'Italia ci prova, spendendo nell'analisi risorse umane molto superiori a quelle delle altre banche centrali; ma sa bene di non riuscire a vedere tutto per tempo. La Ragioneria è insieme controllore delle altre amministrazioni pubbliche e parte dell'amministrazione pubblica, incline a essere complice più che giudice; lo stesso vale per la Corte dei conti, secondo criteri altrettanto antiquati se non di più. Si sente da tempo il bisogno di un'analisi più distaccata, e di controlli sulla sostanza e non sulla forma. In entrambi gli schieramenti politici aveva trovato consensi la proposta di un'autorità indipendente, o di una commissione, che sorvegliasse i conti pubblici. Alleanza nazionale l'aveva avanzata nel gennaio del 2004, più che altro per dare fastidio a Grilli; Fazio la appoggiò nell'ottobre di quello stesso anno.

Un'innovazione che avrebbe potuto avere un senso importante venne strumentalizzata per beghe di potere. Fu su proposta del senatore Udc Ivo Tarolli, uno dei fedelissimi di Fazio, che l'Alta commissione fu approvata come emendamento alla Legge finanziaria 2005 alla commissione bilancio del Senato, con i voti del centrosinistra, sconfitto il governo. Il viceministro dell'Economia Mario Baldassarri, di An, e il sottosegretario Giuseppe Vegas giocarono uno per il sì, l'altro per il no. Nella formula votata, l'Alta commissione avrebbe dovuto tenere «costantemente informato il ministro dell'Economia, nonché le Commissioni parlamentari competenti, alle quali riferirà ogni tre mesi»; sarebbe stata composta di dieci membri: due del ministero dell'Economia, due della Banca d'Italia, due della Corte dei conti, due dell'Istat e due del Consiglio nazionale dell'economia e del lavoro (Cnel). Ovvio che la Ragioneria la vedesse come il fumo negli occhi; e, concepita così, sarebbe stata una specie di organo di cogestione, poco efficace. Anche alla Corte dei conti piaceva poco. Nel finale maxiemendamento governativo fu tolta, e non se ne parlò più.

In un modo o nell'altro, il motivo per innovare la Ragioneria era evidente, scrisse su «Il Sole 24 Ore» un conoscitore del ministero come l'economista Fabrizio Galimberti, già consigliere di Andreatta: «I conti pubblici sono sotto accusa; le operazioni verità si susseguono, ognuna sostituendo la verità precedente»; occorreva dunque rompere con i «riti iniziatici della contabilità» di «uno dei centri di potere più importanti in Italia». L'impressione che nella Ragioneria si accentri un enorme potere è comune ai collaboratori di tutti i ministri, sia tecnici, sia politici di ogni colore, che si sono succeduti al ministero di via XX settembre; un potere spesso complice con le altre branche dell'amministrazione, entro le cui spese non sa o non vuole guardare a fondo. «Non ci spiegano come fanno le previsioni», suona invariata la lamentela di Banca d'Italia, Commissione europea, Fondo monetario internazionale.

Una struttura permanente, diversa dalla Ragioneria, la propose nel 2006 Riccardo Faini, diventato poi collaboratore di Padoa-Schioppa e scomparso prematuramente nel gennaio

2007: una struttura «indipendente dall'esecutivo, in grado di fornire con continuità un quadro compiuto della situazione dei conti pubblici, sottraendolo alle dispute politiche» o come autorità indipendente o presso il Parlamento. Altrimenti, sosteneva Faini, la Ragioneria, che non è sottoposta a nessuno specifico vincolo di trasparenza, in prossimità delle elezioni avrebbe seguitato a destreggiarsi tra l'obbedienza al governo in carica e qualche favore sottobanco ai probabili vincitori. Da anni il Fondo monetario internazionale continua a criticare le procedure italiane del bilancio pubblico, definendole tra le più oscure del mondo civile. Spesso anche la Corte dei conti torna a chiedere «una operazione verità sul bilancio pubblico».

Negli ultimi anni, è migliorata la chiarezza delle coperture alle leggi finanziarie e agli emendamenti che le Camere vi apportano; anche per iniziativa degli organi parlamentari che alla Ragioneria si sono rivolti più spesso, sostiene Enrico Morando, dal 2006 al 2008 presidente della commissione bilancio del Senato. La Banca d'Italia ritiene chiarito nella sostanza il problema del raccordo tra contabilità italiana e contabilità europea, sollevato da Fazio nel 2001. Tuttavia è rimasta una opacità delle grandi cifre. Si cita spesso l'esempio americano, dove al dualismo di poteri tra presidente e Congresso corrispondono due organi competenti sui conti pubblici, per la Casa Bianca l'Omb (Office for Management and Budget) per il Campidoglio il Cbo (Congressional Budget Office). Per tentare di seguirlo, con la Legge finanziaria 2007 si è tentato di rafforzare gli uffici bilancio di Camera e Senato, incaricati di riscontrare coerenza e coperture delle leggi di spesa; ma anche loro restano esclusi dai segreti della Ragioneria. L'economista Giuseppe Pisauro e l'ex ministro Vincenzo Visco propongono di dividere in due la Ragioneria: una parte addetta a compilare il bilancio dello Stato, l'altra a controllare come i soldi sono spesi.

Ampi margini di arbitrio rimangono. Nella fase finale del governo Prodi 2, esperti economici del centrosinistra hanno sospettato che la Ragioneria avesse tenuto alte a bella posta le previsioni di spesa per il 2008 e gli anni successivi, con inspiegati balzi all'insù in alcuni settori. Lo scopo sarebbe stato, nella migliore delle ipotesi, di evitare di essere messi sotto accusa dal futuro governo di centrodestra, nella peggiore di garantirgli un margine di sicurezza per realizzare il proprio programma. Quasi negli stessi giorni, mentre dalla Commissione europea usciva una previsione sul deficit italiano 2007, 2,3 per cento sul prodotto lordo, migliore – fatto insolito – di quella ufficiale, dalla Ragioneria trapelava una stima di 2,7-2,8 per cento. Si vedrà dai dati finali chi aveva ragione. Forse i sospetti sono infondati; ma non nascerebbero sospetti se non ci fossero segreti.

Senza segreti, d'altra parte, come avrebbe fatto Andrea Monorchio, il più potente tra gli ultimi ragionieri generali, a uscire illeso, anzi con attestazioni di stima sia dal centrodestra sia dal centrosinistra, dalla vicenda del supposto «buco» del 2001? Un anno dopo la vicenda del «buco», Tremonti lo rimosse da ragioniere generale, ma offrendogli un'altra carica importante. Ciampi, nel 1996, tenne Monorchio al suo posto nonostante fosse possibile sospettarlo di aver passato informazioni al «Giornale» di Berlusconi su un supposto «buco del governo Ciampi» durante la campagna elettorale del 1994. Appena entrato in carica il governo Prodi 1, Monorchio orgogliosamente aveva rilasciato un'intervista in cui affermava che per cacciarlo dalla Ragioneria sarebbe occorsa una nuova legge. Ha poi voluto precisare che fra i primi a confermargli la fiducia fu il vicepresidente del Consiglio Walter Veltroni.

Vittorio Grilli, quando nel 2002 subentrò nella carica di ragioniere generale, fece sapere in giro che voleva inaugurare una nuova era di trasparenza. In Parlamento Monorchio si era fatto fama di «mago» perché sapeva sempre, al momento opportuno, tirare fuori «dalle pieghe del bilancio» la cifra che serviva, con sorpresa spesso perfino del ministro in carica. Se l'era fatta già prima di essere promosso ragioniere generale, quando era ispettore generale del bilancio, incaricato di seguire la Legge finanziaria. Ogni volta che si parlava di tagli agli acquisti delle pubbliche amministrazioni, Monorchio ripeteva che non se ne potevano più fare, perché si era «raschiato il fondo del barile» e «mancava perfino la carta igienica»; ma successivi governi, di destra e di sinistra, sono riusciti a incidere ancora su quei capitoli.

È stato anche Monorchio a consigliare ai governi di intervenire soprattutto sulle entrate fiscali. Sotto il governo Ciampi, nel 1993, Monorchio si scontrò con il ministro della Funzione pubblica Sabino Cassese, dei cui progetti di riforma riteneva pressoché nulli gli effetti di risparmio. Sospettando fughe di notizie dalla Ragioneria per sabotare i suoi provvedimenti, il ministro ricorse a un vecchio trucco: mandava i suoi documenti in versioni diverse a seconda degli uffici, per capire chi li aveva messi in giro. Una volta uscito dal governo, Cassese disse: «La Ragioneria non motiva, non spiega, ma concede o ritira salvacondotti dicendo solo, come Richelieu ai tempi della reggenza, lo faccio per il bene dello Stato». Malignò anche, l'ex ministro, ed esperto tra i più noti di diritto amministrativo, che in tempi di sacrifici la Ragioneria aveva chiesto promozioni per i propri dirigenti. Monorchio replicò accusando Cassese di «meschineria».

Tra l'altro, Cassese (odiatissimo dagli alti burocrati) aveva osato notare che nel 1990 risultavano compiuti 100 milioni di controlli formali sugli atti dello Stato «senza riuscire a bloccare mezza tangente». Ancora oggi, casi come quello si ripetono, e sono sintomatici. È arduo stabilire se davvero siano velleitari i progetti dei professori, o se siano i burocrati a denigrarli ingiustamente perché vogliono lasciare tutto come sta. Mancano gli elementi per decidere; e allora quasi tutto resta come sta. I governi passano, la Ragioneria resta, 5286 persone in organico di cui l'8 per cento dirigenti; e nemmeno Grilli ha resistito alla vanità di posare – come è tradizione – per un ritratto a olio, che è ora affisso al ministero insieme con quelli dei suoi 17 predecessori.

Che cosa succede quando si prova a ridurre gli sprechi: la Consip

Esempi di cattivo uso del denaro pubblico non mancano nel mondo: in una amministrazione di reputata onestà come quella britannica, ad esempio, il prezzo pagato per cinque risme di carta A4 può variare da 7 a 15 sterline. Figuriamoci in Italia, paese che si colloca tra i peggiori dell'Europa occidentale in base all'indice di percezione della corruzione rilevato da Transparency International, un'organizzazione indipendente. Nel modesto bilancio della Difesa italiana, dove i politici hanno paura a mettere il naso, nel 1999 il prezzo pagato per una tuta mimetica, capo quanto mai standardizzato, variava inspiegabilmente da 59mila a 194mila lire.

Pochi sanno che dal 2006 esiste un'Autorità per la vigilanza sui contratti pubblici di lavori, servizi e forniture. Con appena 40 ispettori che viaggiano per controllare gli enti pubblici di tutta Italia, l'Autorità ha davanti a sé un compito enorme. Nell'ultima relazione annuale il suo presidente, l'ex magistrato della Corte dei conti Luigi Giampaolino, ha sostenuto che se tutte le pubbliche amministrazioni pagassero, per le stesse forniture, il prezzo pagato da quelle tra loro che spendono meno, si risparmierebbero oltre 20 miliardi di euro. Magari. Da risparmiare c'è certo molto, precisano gli esperti, ma quella cifra è esagerata. Esce da un calcolo schematico, che considera l'intera somma impiegata in acquisto di beni e servizi da parte di amministrazioni pubbliche, 117 miliardi di euro secondo i dati del 2005; ma solo su una parte degli acquisti è realistico pensare di risparmiare con nuove procedure. A ordinare sommergibili e aeroplani non possono essere che i militari, tanto per fare un esempio, perché solo loro sanno come funzionano.

Secondo uno studio dell'Isae, l'istituto pubblico di studi economici, i miliardi che si potrebbero risparmiare sarebbero una decina. La percentuale di risparmio possibile (20 per cento) è stata calcolata in un accuratissimo e complicato studio compiuto da tre economisti italiani formatisi nelle università inglesi, Oriana Bandiera, Andrea Prat e Tommaso Valletti. Il metodo sperimentato da tempo in molti altri paesi è di centralizzare gli acquisti, perché sulle grandi quantità si spuntano prezzi migliori, e di realizzarli con aste pubbliche in modo che tutti possano controllare e il mercato sia trasparente.

Il compito di razionalizzare la spesa pubblica per beni e servizi è stato affidato a una società, la Consip, di cui il ministero dell'Economia è azionista unico. La storia della Consip è quella di un tentativo che ha trovato consensi politici in entrambi gli schieramenti, ma si è scontrato con fortissime resistenze, sia all'interno di essi sia nel paese, al Nord come al Sud, tra le aziende come tra gli amministratori. Al Tesoro l'idea nacque nel periodo di Carlo Azeglio Ciampi, soprattutto per opera del sottosegretario Laura Pennacchi, che la inserì nel disegno di Legge finanziaria per il 2000; fu attuata dal successivo governo D'Alema, con il sottosegretario Bruno Solaroli. Si scelse una società già esistente, che fino ad allora si era occupata del sistema informatico del Tesoro. Dai dati raccolti, risultava che per una comune penna a sfera alcune amministrazioni pagavano 100 lire, altre 420: perché?

La corruzione è certo diffusa, ma il più degli sprechi deriva da semplice, non dolosa, sciatteria. Così almeno conclude lo studio di Bandiera, Prat e Valletti, fondato sui primi risultati dell'attività della Consip. Nei termini da loro scelti, lo «spreco passivo» dei funzionari che non badano a fare economia di denaro pubblico pur non intascandone nulla è circa quattro volte più alto dello «spreco attivo» dovuto alle bustarelle. In cifre, il *passive waste* (il lavoro è in lingua inglese) sembra riguardare l'83 per cento degli sprechi totali; ma questo non significa affatto che la corruzione, o *active waste*, non sia un grave problema in Italia. Anche sotto un profilo freddamente economico, la corruzione grava parecchio sui contribuenti: essa sola causa un costo addizionale fino all'11 per cento.

Un obiettivo di risparmio troppo ambizioso

Nell'ambito che le era assegnato di trattare, 6500 miliardi di spese, la Consip si pose l'ambizioso obiettivo di risparmiarne 1500. In prospettiva, estendendone i compiti, il ministro per la Funzione pubblica Franco Bassanini fantasticava di cifre molto superiori.

Il primo colpo di avvertimento dei burocrati partì quasi subito. È curioso che se ne facesse interprete un personaggio che afferma di ispirarsi ai «valori», Antonio Di Pietro. Da poco entrato al Senato con l'Ulivo, nell'elezione suppletiva del Mugello, in una interrogazione del maggio 2000, Di Pietro lamentò la «completa distruzione delle professionalità» dei circa 350 funzionari del Provveditorato generale dello Stato. A porre ostacoli alla Consip si mise anche la Corte dei conti, secondo cui dovevano essere le «strutture proprie del Tesoro» a ottenere «adeguate capacità di committenza e di controllo». Ben più robusta, e duratura, fu la resistenza della Ragioneria generale dello Stato. A tutt'oggi resta la difficoltà di comparare i dati di Ragioneria e Consip: segno sicuro, nel pubblico impiego, della poca intesa tra le due amministrazioni. Dovrebbero essere gli ispettori della Ragioneria a controllare che nei ministeri e negli enti pubblici siano rispettate le norme di legge che impongono di affidare gli acquisti alla Consip; l'impressione è che se ne curino poco.

Nel 2000, primo anno di attività, si riuscirono a risparmiare 300 miliardi di lire. Questo primo successo spinse il governo Amato 2 a mettere in conto nella finanziaria 2001 previsioni molto ambiziose di minore spesa: 5600 miliardi di lire. Al cambio di governo si vide che non erano state raggiunte; era un'altra delle falle della Legge finanziaria 2001. Alle pressioni degli enti locali Tremonti cedette un poco, e nella finanziaria 2002 attenuò la norma sulle convenzioni obbligatorie che li riguardava, gare proprie ma con riferimento ai prezzi Consip. Però, nella sostanza, il centrodestra puntò sulla Consip, in quella prima fase: la platea fu allargata a tutta la pubblica amministrazione, scuole comprese. Si annunciavano acquisti centralizzati di ogni genere, dalla telefonia per i ministeri alla biancheria per gli asili nido, con aste pubbliche e prezzi chiari. Per lo smaltimento dei rifiuti del Politecnico di Milano si riuscì a dimezzare la spesa. Si misero al lavoro con impegno i nuovi vertici nominati nell'aprile 2002 dal governo Berlusconi 2, presidente l'economista Gustavo Piga, amministratore delegato Ferruccio Ferranti, manager lombardo vicino ad Alleanza nazionale. Il viceministro dell'Economia Mario Baldassarri, entusiasta, sperava addirittura che i risparmi ottenuti dalla Consip potessero servire a coprire importanti sgravi fiscali.

All'inizio, per inesperienza, Ferranti e Piga commisero qualche errore. Ci si accorse che certi contratti, come quelli per le pulizie dentro gli edifici pubblici, non si prestavano a essere centralizzati, perché le condizioni locali erano troppo diverse e i risparmi non sempre erano assicurati. In alcuni casi si valutarono male i prezzi: alcune segreterie scolastiche, ad esempio, segnalarono che la carta costava meno dal cartolaio dietro l'angolo. Ma soprattutto, con forniture nazionali, risultavano favorite le imprese grandi, talvolta multinazionali; e si era sottovalutata la capacità di pressione delle imprese piccole, che si vedevano sottratti affari lucrosi. La protesta dei piccoli cementò insieme imprenditori onesti che non erano stati capaci di soddisfare i criteri della Consip e parassiti abituati a un rapporto losco con gli amministratori. Alla fine del 2002, Ferranti vantava «un potenziale di risparmio per circa 2 milioni di euro», però le lamentele si moltiplicavano: «la Consip ci mette nelle mani degli usurai», «la Consip ci costringe a licenziare». Nacque perfino un sito internet di protesta, www.controconsip.it.

Si moltiplicarono i ricorsi ai Tar; ci si mise anche l'Ance, la potente associazione dei costruttori. Nel settore dei buoni pasto per gli impiegati pubblici, nel quale i vincitori dell'appalto per rifarsi avevano ridotto la percentuale agli esercenti, il tormentone è durato anni, con alterne vicende. Le piccole imprese di Confindustria cercarono di conciliare l'appoggio alla «buona iniziativa» della Consip con richieste di maggior spazio; le associazioni degli artigiani e degli esercenti mossero attacchi più duri. Ad esempio, il presidente della Cna Ivan Malavasi sosteneva che «non si deve guardare solo al contenimento della spesa pubblica, ma anche preoccuparsi della coesione del tessuto imprenditoriale locale». Frattanto, le amministrazioni pubbliche si ingegnavano per eludere gli obblighi. La Corte dei conti notò che la trattativa diretta, consentita in via eccezionale dalla normativa vigente, diventava sempre più diffusa; ne fece frequentemente uso perfino lo stesso ministero dell'Economia, che avrebbe dovuto dare il buon esempio. Si invocava l'urgenza, oppure la «particolarità dei requisiti tecnici». Se si ricorreva alla Consip, spesso si approfittava del miglior prezzo unitario per aumentare la quantità dei beni acquistati.

Fino all'estate del 2003 Tremonti continuò a resistere: i risparmi di spesa messi in bilancio (3,7 miliardi di euro nell'anno) gli servivano. Poi le pressioni dentro Forza Italia, nell'interesse anche degli amministratori locali, e nella Lega Nord, in difesa delle piccole imprese, si fecero troppo forti. Qualche prima modifica fu introdotta nel decreto sui condoni, in luglio: gare a più vincitori, in lotti più piccoli. Piga promise che una marcata svolta si sarebbe realizzata entro pochi mesi. Ma poco dopo il sottosegretario all'Economia Giuseppe Vegas affermò che c'era «ancora bisogno di correttivi»; le associazioni di categoria continuavano a protestare. In novembre, a sorpresa, in un altro decreto-legge si stabiliva che le gare e le convenzioni erano tutte sospese. Più tardi Tremonti fece scrivere a un giornalista a lui vicino che si era trattato di una mossa astuta, volta a salvare la Consip riformandola per evitare che il Parlamento la smantellasse. All'interno, invece, fu preso come un vero e proprio stop.

Requiem per la Consip

Baldassarri tentò di difendere la Consip, e riuscì a schierare Alleanza nazionale in appoggio dei dirigenti che erano uomini suoi. Lo scontro si consumò nel dicembre 2003, su un emendamento alla Legge finanziaria per l'anno successivo, e lo vinse Forza Italia. «Requiem per la Consip», scrisse il quotidiano economico «Milano finanza». Tremonti cercò di comporre il dissidio nel maxiemendamento sul quale il governo chiese la fiducia ma, di fatto, la Consip restò paralizzata per circa un anno. A consuntivo del 2003, Ferranti vantò 600 milioni di euro in risparmi effettivi, più 2,6 miliardi «potenziali», ovvero ipotizzati nel caso di rispetto dei parametri di qualità e prezzo da parte di tutte le amministrazioni, e con acquisti immutati in quantità, come si è visto che spesso non era. In sostanza si era assai al disotto dell'obiettivo di 3,7 miliardi fissato dalla Legge finanziaria per il 2003.

In aprile, la Corte dei conti notò che con le nuove regole si sarebbe ottenuto assai meno, e nel corso dell'anno probabilmente quasi nulla «a causa della situazione di stallo nelle convenzioni». Baldassarri si dava da fare ma non ottenne nulla; nel documento di Alleanza nazionale di fine giugno, causa delle dimissioni di Tremonti, fece scrivere che la spesa pubblica cresceva «anche a seguito dell'operazione di blocco della Consip e dell'intero programma di razionalizzazione degli acquisti». I dati lì citati erano quelli del 2003; dunque già prima delle modifiche di legge i risultati erano andati riducendosi. Ad esempio, per non scontentare nessuna grande azienda telefonica si era deciso per la telefonia fissa di non fare una gara unica nazionale, ma tante gare regionali. Al momento i dirigenti della Consip potevano vantare solo di aver costruito un gigantesco supermercato su internet, dove gli uffici pubblici potevano acquistare a buon prezzo tutto quello che gli serviva, dai computer agli armadi, dai buoni pasto alle attrezzature per gli ospedali. Potevano usarlo se volevano; ma a norma della finanziaria 2004 non erano più obbligati, e dunque non lo usavano.

Con Siniscalco al Tesoro la Consip riuscì almeno a riavviarsi; ma non rientrò mai più tra gli impegni prioritari del ministero. Come presidente, nel giugno 2005, al quarantenne professore di economia Gustavo Piga si sostituì un amico personale di Berlusconi, e suo ex ministro, il sessantacinquenne imprenditore di barche da diporto Roberto Maria Radice. La Corte dei conti segnalò che nel 2004 i risparmi avevano subito «una forte battuta d'arresto»; tutti gli indici di spesa erano peggiorati. Tornato Tremonti, nel 2005, arrivò alla Consip anche un nuovo amministratore delegato, Danilo Broggi, segnalato dalla Lega Nord e con il mandato preciso di favorire le piccole imprese; non a caso aveva guidato la Confapi, confederazione della piccola e media impresa. Ostili a rafforzare la Consip erano soprattutto le Regioni, alcune (come l'Emilia-Romagna) perché negli acquisti centralizzati se la cavavano benissimo da sole, altre perché volevano soltanto fare a modo loro.

Nel governo Prodi 2 si fecero sentire diverse voci favorevoli a un rilancio della Consip. Si dettero da fare, tra gli altri, il ministro per l'Attuazione del programma Giulio Santagata e il viceministro dell'Economia Vincenzo Visco; Broggi, nominato dal centrodestra, si dichiarò pronto a impegnarsi. Ostili erano invece i sindacati, solidali con gli uffici dei ministeri ai quali quella società di diritto privato, che pagava buonissimi stipendi per assumere persone più qualificate, non era mai piaciuta. In prospettiva, sui costi dell'amministrazione si poteva risparmiare molto di più che sui costi della politica dei quali tanto si parlava. Ma Padoa-Schioppa aveva concentrato la sua attenzione su un altro strumento, la commissione tecnica per rivedere le spese, e alla Consip si interessò poco. Durante l'esame della Legge finanziaria 2008 in Senato, il presidente della commissione bilancio Enrico Morando, consigliere economico di Veltroni, cercò di migliorare la parte sulla Consip, ma ebbe l'impressione che la Ragioneria generale cercasse in ogni modo di minimizzare i risparmi ottenibili per quella via.

La finanziaria 2008 si è limitata a perfezionare il sistema con cui le amministrazioni, per acquistare, devono rifarsi ai parametri stabiliti dalla Consip. In questo modo si possono forse evitare le peggiori ruberie, non certo condurre un'azione attiva di risparmio. Si è persa l'occasione per rendere sistematiche le gare di fornitura, in modo da abbassare i prezzi in misura significativa. La vertenza per i buoni pasto si trascina ancora, con la Consip volta a volta accusata di favorire gli stranieri o le multinazionali o le grandi aziende, e di sprecare il denaro pubblico anziché risparmiarlo. Padoa-Schioppa ribatte che il contenimento della spesa, nelle grandi cifre, si è realizzato: i consumi intermedi (acquisti di beni e servizi) del settore statale sono passati dai circa 17,4 miliardi di euro del 2005 ai 15 miliardi di euro del 2007, e sono previsti in ulteriore calo a 14 miliardi di euro per il 2008.

Con la finanziaria 2008 si è provveduto a parte per limitare una causa di sprechi e forse di bustarelle: si è fissato un limite massimo per le spese di manutenzione degli immobili di Stato, nel 2008 l'1,5 per cento del loro valore, per gli anni successivi il 3 per cento. Si vedrà a consuntivo se davvero si sono risparmiati i 650 milioni previsti o se, come in altri casi, le amministrazioni sono riuscite a eludere la norma. Il risparmio medio sugli acquisti centralizzati risulta del 16,7 per cento; la Corte dei conti, sempre diffidente, lamenta che, pur svuotati di compiti, gli uffici acquisti delle singole amministrazioni restino in piedi.

Poco prima del Natale 2007, la Consip ha organizzato all'Auditorium di Roma una festa per celebrare il proprio decennale, e anche per perorare la propria causa. È stato proiettato un film di Mario Soldati, *Policarpo ufficiale di scrittura*, vecchio di quarantotto anni. Qualcuno aveva scoperto che era stato girato nel palazzo di via XX settembre del ministero del Tesoro, quel film dove Renato Rascel, l'impiegato De Trappetti, lotta contro la macchina da scrivere, che non vuole accettare perché è calligrafo diplomato. Come la Ragioneria generale contro le e-mail, nel 2002.

Che cosa ha scoperto la «spending review»

Il sospetto che gli Stati spendano male è antico. Nella repubblica di Venezia esisteva una magistratura apposita, gli «Scansadori alle spese superflue»: istituiti nel 1576, durarono fino al 1797, quando quello Stato scomparve. Tre magistrati dovevano controllare che non ci fossero sprechi negli altri uffici, come quelli del Sale e delle Biave (biade), o i Monti di Pietà; e provvedere a sopprimere gli uffici inutili. Per combinazione si è laureato all'università di Venezia il professor Gilberto Muraro, padovano, che Tommaso Padoa-Schioppa aveva incaricato di cominciare a scoprirli, gli sprechi, come presidente della Commissione tecnica per la finanza pubblica (Ctfp). I dieci esperti della Ctfp hanno innanzitutto scoperto che c'era lavoro per molte più persone, e per molti anni; non solo per professori di economia, ma per manager.

L'esperienza del passato non era incoraggiante. Già era esistita per più di vent'anni al ministero del Tesoro una Commissione tecnica per la spesa pubblica, nella quale mano a mano si erano alternati alcuni tra i più noti economisti del paese: ex ministri come Franco Reviglio, futuri ministri come Sabino Cassese e Domenico Siniscalco, e poi Luigi Cappugi, Filippo Cavazzuti, Innocenzo Cipolletta, Giuseppe De Rita, Piero Giarda, Antonio Pedone, Maria Teresa Salvemini, Mario Sarcinelli, Luigi Spaventa, Guido Tabellini. Ne erano usciti studi molto brillanti ma nessuna svolta decisiva. Anche Muraro ne aveva fatto parte, come pure altri due membri del nuovo organismo, Giuseppe Pisauro e Massimo Bordignon. Il compito affidato da Padoa-Schioppa era più pratico e meno teorico: cominciare a valutare come i ministeri spendono, formulando obiettivi verificabili ai quali poi commisurare i risultati. L'esempio principale era quello britannico, che per primo è stato esplorato da una missione del ministero dell'Economia nell'autunno 2007. Il Parlamento di Londra ha poteri limitati di modifica del bilancio presentato dal governo, molto ampi invece nel controllo di come l'amministrazione spende.

Da noi non c'è nulla. Non sorprende che un indice della qualità della spesa pubblica, escogitato dall'economista Andrea Montanino che pure ha collaborato con la Commissione, ponga l'Italia al penultimo posto, davanti solo alla Grecia, tra i 15 paesi già membri dell'Unione europea nel 2004. Anche gli esperti del centrodestra hanno idee simili sulle cose da fare. L'economista Gianfranco Polillo, ad esempio, nota che se una impresa si comportasse come lo Stato, ovvero non verificasse che fine hanno fatto i soldi spesi, andrebbe dritta filata verso il disastro: «La proprietà non conoscerebbe i risultati della gestione, il management sarebbe liberato da ogni responsabilità;

le banche non avrebbero parametri di riferimento per l'erogazione del credito». Eppure Tremonti non ha perso tempo a sciogliere la commissione Muraro; o gli pareva che troppi dei suoi componenti simpatizzassero per il centrosinistra, oppure voleva fare un favore alla Ragioneria, che non l'ha mai gradita. Documenti e proposte che ne erano usciti sono stati chiusi nel cassetto, per poi farli venir fuori a manovra fatta, quando erano superati.

Alcune delle proposte più interessanti venute dal lavoro di Muraro e degli altri economisti riguardano gli investimenti pubblici. Ne traspaiono i nodi di complicità che legano poteri pubblici e aziende. Spesso si decide di finanziare la progettazione di un'opera senza che ne siano chiari la realizzabilità e i costi effettivi; ma questo precostituisce una specie di diritto a realizzarla poi. Se non ci sono i fondi per finire un'opera, la si suddivide in lotti anche senza nessuna logica; dopo, si potrà reclamare che i lavori sono a metà ed è indispensabile terminarli, con nuove spese, tanto più che l'amministrazione non ha strumenti per valutare con esattezza a quale punto siano. Gli aumenti di costi in corso d'opera (fino al 100 per cento, ad esempio, nel caso del passante ferroviario di Milano) non sono analizzati in modo trasparente. Non esiste nessuna sanzione per i ritardi nel realizzare i lavori. A consuntivo, non si fa nessuna valutazione sull'effettiva utilità dell'opera.

In quasi tutti i settori, l'efficienza dei servizi resi o commissionati dalle strutture pubbliche è difficile da valutare; e le regole sembrano costruite apposta perché non lo si faccia. Nell'analisi del Fondo monetario internazionale, in Italia «esiste una pletora di controlli *ex ante* sull'esecuzione delle spese, che limitano i margini di azione dei dirigenti responsabili e concentrano l'attenzione sul rispetto delle norme formali, piuttosto che sulla qualità dei servizi resi al pubblico»; al contrario, la «scarsa informazione sui costi di differenti programmi di spesa e sulla loro efficacia» rende disattenti nel valutare se gli obiettivi sono stati raggiunti. Insomma chi spende il denaro pubblico dovrebbe godere di maggiore autonomia nelle decisioni e allo stesso tempo essere meglio controllato, dopo, sui risultati. Non è impossibile, visto che altri paesi lo fanno.

Il ministro Renato Brunetta ha provato a distribuire attestati di eccellenza a uffici pubblici che funzionano. Sarebbe meglio però che il compito fosse affidato a una autorità indipendente, piuttosto che alle preferenze di un ministro che è parte in causa. Così avviene per i punteggi che vengono assegnati in Gran Bretagna. Un organo indipendente, la Audit Commission, valuta i servizi prestati dagli enti locali: assistenza ai bambini e agli anziani, altri servizi sociali, casa, ambiente, cultura. Ad esempio l'amministrazione comunale di Sheffield merita quattro stelle, quella di Birmingham ne ha tre, quella di Bristol due, quella di Liverpool si ferma a una stella. Ogni anno la classifica è rinnovata, e si segnalano soprattutto le amministrazioni che sono riuscite a farsi dare una stella in più. Sono sottoposti a questo controllo in tutto 11mila enti che in totale spendono 180 miliardi di sterline all'anno. Perché non si fa anche da noi?

Seconda parte

Gli anni del disastro
(1978-2008)

Il fardello del debito
(1978-2000)

Circa la metà del debito pubblico italiano si è accumulato negli anni in cui governavano Ciriaco De Mita, Bettino Craxi e Giulio Andreotti. Lo scialo degli anni Ottanta, che ha portato l'Italia sull'orlo della bancarotta nel 1992, continuiamo a pagarlo ancora oggi. Ci costa almeno 600 euro di tasse a testa ogni anno, che vanno a pagare gli interessi su quel debito. E pensare che la Legge finanziaria, ossia un provvedimento unico nel quale inserire tutte le decisioni di nuove spese e di nuove entrate, era stata introdotta proprio nel 1978 per mettere ordine nei conti. Prima non esisteva. L'aveva chiesta all'Italia il Fondo monetario internazionale (Fmi), dopo averci concesso un prestito di sostegno ai conti con l'estero. Fino ad allora, di leggi di spesa se ne erano approvate in ogni momento e il risultato complessivo sui conti pubblici emergeva solo a posteriori, con una somma all'ingrosso in cui spesso saltava fuori che qualcuno aveva dimenticato qualcosa.

Per vederci più chiaro si istituì quella che è poi stata chiamata la «manovra» di bilancio annuale. Era lo strumento, si disse, con cui il governo avrebbe potuto governare secondo un progetto.[1] Si seguì il modello della *Loi de finances* adottato dalla Quinta repubblica francese; senza farne gran pubblicità, perché l'orgoglio nazionale italiano vuole che quando si copia dagli americani o dagli inglesi ci si vanti, quando si copia dai francesi si stia zitti. La debolezza stava nei regolamenti parlamentari. Poiché in quel momento i ministri appartenevano soltanto alla Dc, ma dovevano rispondere a uno schieramento politico molto più ampio, composto da sei partiti compreso il Pci, era giocoforza lasciare a deputati e senatori un ampio margine di intervento.[2]

All'inizio, il rimedio funzionò. La Legge finanziaria per il 1979 aveva solo 61 articoli e il Parlamento impiegò soltanto un mese ad approvarla; riuscì a ridurre il deficit di bilancio, finalmente misurato con esattezza, rispetto a quello dell'anno prima. A far presto aiutò il clima di emergenza creato dall'iniziativa delle Brigate rosse, benché la maggioranza di solidarietà nazionale si stesse rapidamente sfaldando. Il documento programmatico, antenato dei Dpef di oggi, messo a punto dal ministro del Tesoro Filippo Maria Pandolfi, con l'aiuto di economisti tra cui il giovane Tommaso Padoa-Schioppa, individuava il problema da risolvere: «La finanza pubblica esercita oggi nel nostro sistema economico, e ancor più eserciterà negli anni futuri ove non si intervenga tempestivamente, una azione strutturalmente destabilizzante».[3] Proponeva interventi seri per ridurre le spesa pubblica, ad esempio per le pensioni e il pubblico impiego; nessuno fu attuato.

Basta con l'austerità

Tra la fine del 1978 e l'inizio del 1979 l'adesione dell'Italia al Sistema monetario europeo (Sme) fu il pretesto che il Pci scelse per interrompere l'appoggio al governo. Enrico Berlinguer e i suoi la ritenevano una scelta prematura, che avrebbe imposto una disciplina troppo severa soprattutto verso i salari; ma anche l'allora governatore della Banca d'Italia Paolo Baffi era dubbioso. I governi successivi tornarono a fondarsi sull'intesa tra la Dc e il Psi di Bettino Craxi. Il rapporto di cambio stabile della lira con le altre monete europee spinse in effetti gli imprenditori a essere più duri verso i sindacati, come si vide alla Fiat nel 1980. Ma i governi Dc-Psi non furono duri per niente; invece di seguire le indicazioni del documento di Pandolfi, cominciarono a espandere la spesa pubblica. Si voleva dare al paese il segnale che era finita la tetra «austerità» voluta dal Pci di Enrico Berlinguer. Si proseguì ad aumentare la spesa verso livelli europei, senza accrescere in modo corrispondente la pressione fiscale. I guai sono cominciati da lì.

Si dava molto ai cittadini chiedendo poco in cambio. Sulla spinta data dai governi si innestarono i favori clientelari di deputati e senatori, in un Parlamento in cui il voto segreto permetteva ogni genere di manovre e di ricatti. Già prima dell'inflazione da petrolio, nel dicembre del '79, la scala mobile per i dipendenti pubblici era divenuta trimestrale, da semestrale; nel febbraio dell'80 la scala mobile delle pensioni era divenuta semestrale, da annuale; si erano deliberati aumenti per le cosiddette «pensioni d'annata»; in due rate si erano raddoppiati gli assegni familiari. I sindacati, nell'impiego privato costretti a leccarsi le ferite della vertenza Fiat, nell'impiego pubblico raccoglievano successi grazie alla generosità dei governi. Spesso i contrasti interni alla maggioranza impedivano di approvare la Legge finanziaria entro il 31 dicembre, e per qualche mese occorreva l'«esercizio provvisorio» del bilancio.

Un esempio tipico di come si procedeva in quegli anni fu la legge 270 del 1982, che trasformò in insegnanti stabili i 110mila precari della scuola. L'obiettivo era di placare una massa di giovani laureati, reduci dei movimenti del '68 e del '77, dandogli un posto fisso. La spesa per lo Stato venne all'inizio quantificata in 31,2 miliardi di lire per lo stesso anno 1982; già nell'anno successivo si capì che se ne erano spesi più di 1600.[4] Non compariva nel testo della legge, come quasi sempre all'epoca, nessuno stanziamento per gli anni futuri; nonostante l'introduzione della Legge finanziaria, la contabilità dello Stato si faceva ancora secondo il principio del «chi vivrà, vedrà». Né per essere stati «stabilizzati» si acquietarono gli ex precari: tutta la fascia più giovane degli insegnanti animò, dal 1986, le proteste dei Cobas della scuola, con scioperi massicci che portarono a forti aumenti degli stipendi.

Il freno di Ciampi e Andreatta

L'eccesso di spese rispetto alle entrate fiscali veniva finanziato emettendo titoli di Stato; all'apparenza, in modo corretto, perché lo Stato prendeva a prestito le risorse che gli mancavano. Ma, nel caso italiano, questo prendere in prestito era in parte una finta. Se, ai rendimenti che il Tesoro offriva, per quei titoli di Stato non si presentavano compratori in numero sufficiente, la Banca d'Italia si accollava il resto. La Banca d'Italia pagava facendo lavorare di più l'Officina carte valori, ovvero lo stabilimento fortificato e sorvegliatissimo di via Tuscolana a Roma dove si stampano le banconote.[5] Ma quando di banconote ne circolano troppe, come è facile capire, si alzano i prezzi. Con la lira legata alle altre monete dello Sme, la maggiore inflazione italiana danneggiava l'export e scoraggiava l'arrivo dei turisti.

Quando al Tesoro, nell'ottobre 1980, si insediò Nino Andreatta, un democristiano rigorista, Carlo Azeglio Ciampi, governatore della Banca d'Italia dal 1979, riuscì a convincerlo che così non si poteva andare avanti. Insieme concordarono quello che fu chiamato «divorzio» tra Banca d'Italia e Tesoro. Con una lettera del 12 febbraio 1981, Andreatta accettò di sollevare la Banca d'Italia dall'obbligo di acquistare tutti i Bot rimasti invenduti.[6] Stampare moneta a copertura del deficit non sarebbe più stato automatico; si sarebbe posto un freno alle spese. Se lo Stato voleva indebitarsi, lo avrebbe fatto sul mercato, alle condizioni richieste dal mercato; e in quel momento i tassi di interesse, per una scelta partita dagli Stati Uniti, stavano salendo molto in alto.

Gli altri ministri all'inizio non capirono nemmeno di che cosa si trattasse. Ma fecero muro contro le altre proposte di Andreatta che riuscivano a capire, come quella di una imposta sui patrimoni immobiliari diretta a colpire le grandi ricchezze formatesi con l'inflazione.[7] A contrappeso del «divorzio», il ministro del Tesoro dovette accettare uno strumento poco nobile per raccogliere denaro: il primo dei grandi condoni tributari. Fu giustificato con l'innovazione delle «manette agli evasori»: poiché da allora in poi l'evasione fiscale diventava reato penale, si dava l'occasione ai contribuenti di mettersi in regola prima, e sanare il passato. Lo preparò il ministro delle Finanze Rino Formica. Uomo capace di dare una veste quasi simpatica al cinismo, Formica sosteneva che il fisco italiano «era una forma di groviera tutta smozzicata, dalla quale ciascuno ha portato via il suo pezzo» e si era comportato di conseguenza.

La fortuna di essere colpiti da un disastro

I politici di allora cercarono di giustificare le spese scriteriate con la minaccia del terrorismo; ma era una scusa che valeva per gli anni Settanta, non per il decennio successivo. Tipico degli anni Ottanta, invece, fu lo sfruttamento dei disastri naturali come pretesto: «Davano l'occasione per colmare lacune storiche nelle infrastrutture del nostro paese – ammise Paolo Cirino Pomicino, allora vicepresidente del gruppo parlamentare Dc – e come esempio posso dire che dopo il terremoto del 1980 a Napoli si sono costruiti 20mila alloggi, un miglioramento significativo». Però con i fondi del terremoto in Irpinia si costruirono anche alberghi a cinque stelle in località che nessun turista ha mai visitato, e capannoni industriali dove l'attività non si è avviata mai. Gran parte delle somme erogate finirono nelle mani della camorra, che le utilizzò per fare il grande salto dal contrabbando di sigarette al commercio di droga.

La spesa pubblica crebbe più dei servizi resi: nella scuola il numero degli insegnanti aumentò più di quello degli studenti; negli ospedali il numero dei dipendenti divenne più alto delle giornate di degenza.[8] Certi ritardi storici dell'Italia dovevano essere colmati; ma circa dal '75, quando già la domanda di istruzione e di assistenza sanitaria aveva raggiunto il suo punto più alto, assunsero un peso determinante gli aspetti politici.[9] L'espansione della spesa non si diresse verso i più poveri.[10] A fronte di ciò, non si chiedeva ai cittadini di contribuire pagando più tasse: la pressione fiscale restava molto al di sotto della media europea nonostante gli sforzi contro l'evasione compiuti da due ministri delle Finanze, il socialista Franco Reviglio dal 1979 al 1981, e il repubblicano Bruno Visentini dal 1983 al 1987. Con Reviglio collaborarono due giovani professori universitari che più tardi si sarebbero trasformati nei duellanti del fisco: Giulio Tremonti come capo dell'ufficio legislativo, e Vincenzo Visco come consulente. C'era inoltre, come consigliere economico, l'ancor più giovane Domenico Siniscalco.

Per rimettere i conti a posto, il 1986 offrì un'occasione d'oro che andò sprecata. Con il crollo del prezzo del petrolio, si sarebbe potuta aumentare in modo indolore la tassazione su benzina, gasolio, olio combustibile. Fu questo il consiglio della Banca d'Italia di Ciampi; ma il governo Craxi lo seguì solo in minima parte. Non che lo si ignorasse, il problema del deficit. Ogni anno il governo in carica annunciava «manovre» enormi, le cui cifre erano gonfiate allo scopo di dimostrare che si stava agendo, ma che sempre si rivelavano inferiori alle attese, per cui occorreva ricorrere, nel corso dell'anno, a «manovre correttive». Non aiutava a fare chiarezza la contabilità «a politiche invariate» allora adottata: «Se nel 1979 una certa spesa era stata pari a 100 – spiega Mario Baldassarri, economista e senatore del Pdl – il dato di partenza tendenziale per il 1980 era stimato in 120. Partendo da qui, in apparenza la finanziaria tagliava 10, ma in realtà concedeva un aumento di spesa da 100 a 110».[11]

Il vestito di Arlecchino

Il peggio fu raggiunto dopo la metà degli anni Ottanta. Ormai il Parlamento elargiva regali che andavano ben oltre le richieste dei beneficiari, aggiungendo sempre nuove spese a quelle decise dal governo, e per cifre spropositate: nel 1984 il Parlamento fece lievitare la spesa di quasi 10mila miliardi rispetto alla proposta del governo, nel 1985 di circa 32mila; nel 1986 e nel 1987 di circa 54mila miliardi per volta. Sulla Legge finanziaria ancor più che in altri casi le imboscate dei «franchi tiratori» nel voto segreto servivano a regolare i conti fra correnti diverse della maggioranza. Fu in quel caos che Amato, ministro del Tesoro oltre che vicepresidente del Consiglio del governo Goria, coniò molte delle espressioni che sono poi rimaste nel gergo politico: «assalto alla diligenza», «ultimo treno per Yuma» (un film western con Glenn Ford e Van Heflin, che gli era rimasto impresso, ventenne, nel 1957), e «vestito di Arlecchino» per il testo di legge che infine ne veniva fuori.

Una nuova riforma, la legge 362 nel 1988, fu approvata per iniziativa di Nino Andreatta, escluso dal governo anni prima dopo un memorabile litigio con Formica, e allora presidente della commissione bilancio del Senato (tra i funzionari che collaboravano con lui c'era Giuseppe Vegas, più tardi divenuto l'esperto di finanza pubblica di Forza Italia). Ma la vera svolta fu altrove, nell'abolizione del voto segreto sulle leggi di spesa, adottata con la riforma dei regolamenti di Camera e Senato nell'autunno 1988. Tutti i principali partiti alla fine furono d'accordo su questa misura, fortemente voluta da Craxi. Un miglioramento notevole ci fu. Dal 1989, le modifiche delle Camere al «saldo» che il governo proponeva all'inizio della Legge finanziaria scesero quasi a zero.

Tuttavia, anche senza il fardello delle aggiunte parlamentari, i successivi governi non riuscirono a ridurre il deficit. Dovettero però accrescere le entrate fiscali perché il peso degli interessi da pagare sul debito si faceva sempre più forte. Dalle spese sociali, l'attenzione dei politici si era spostata sui grandi progetti di investimento; fu Craxi il primo a parlare del ponte sullo stretto di Messina. Più tardi si capì che «le irregolarità degli appalti e le tangenti» erano state «il lubrificante degli entusiasmi del mondo politico per gli investimenti», come ebbe a dire Andreatta. Poiché gli interessi da soddisfare erano tanti, spesso si stanziavano i soldi per iniziare un'opera senza essere certi che in futuro se ne sarebbero trovati di sufficienti per portarla a termine; o le opere restavano a metà o i costi aumentavano ancora a causa dei danni per la sospensione.

I vecchi partiti si congedano con un condono

Senza il voto segreto, e con l'economia che andava bene, ancora tra l'89 e il '91 si sarebbe potuto mettere in ordine il bilancio senza che i sacrifici venissero avvertiti troppo. Invece i governi di quegli anni, con la Dc guidata dalle correnti di destra meglio disposte verso Craxi, facevano omaggio verbale al risanamento annunciando ogni volta, con il Dpef, piani ambiziosi di risanamento del deficit che non si realizzavano mai.[12] Guido Carli, ministro del Tesoro dall'estate 1989 alla primavera del 1992, lo sapeva benissimo, e lo diceva anche; ma non riuscì a cambiare nulla. Lasciò l'immagine bizzarra di un potente (ex governatore della Banca d'Italia ed ex presidente della Confindustria) che fa la vittima. O, peggio, di un anziano – stanco, debilitato dall'asma – che nessuno stava più a sentire. Il deficit pubblico rimase sopra l'11 per cento del prodotto lordo, cosicché il debito continuava a gonfiarsi.

Carli accettò di delegare la confezione politica delle «manovre» al collega del bilancio, Paolo Cirino Pomicino, che si era fatto le ossa al crocevia delle clientele e delle lobby, come presidente della commissione bilancio della Camera. Era «un colabrodo», nel giudizio di Carli stesso, anche la Legge finanziaria per il 1992; benché fosse la prima, secondo il Trattato di Maastricht, sottoposta alla «sorveglianza» della Commissione europea. Il ministro del Tesoro aveva insistito per una riforma delle pensioni. I sindacati erano disponibili a discutere sul testo preparato dal ministro del Lavoro Franco Marini. Ma l'occasione andò perduta, nel luglio 1991. Fu il Psi a fermare tutto, prima con un rinvio a settembre, poi con l'accantonamento. Ricorda ora Marini: «Fu detto che non si poteva iniziare una riforma così delicata nell'anno prima delle elezioni».[13]

Invece il principale strumento per ottenere nuove entrate fu un condono fiscale del tipo «tombale», ossia esteso anche agli eventuali reati commessi dal contribuente-evasore. Naturalmente ci aveva pensato Formica, per la seconda volta. Una lucida critica la scrisse Giulio Tremonti, in un articolo che gli è stato molto rinfacciato quando, ministro dell'Economia dieci anni dopo, secondo la cadenza da lui stesso pronosticata, fu lui a concedere un altro condono:[14] «In Sudamerica il condono fiscale si fa dopo il golpe. In Italia lo si fa prima delle elezioni [...]. I condoni sono cadenzati ogni decennio: '73, '82, '91. Vuol dire che il rapporto fiscale si basa su questa ragione pratica: farla franca, confusi tra milioni di evasori; farla lunga, coltivando con calma la lite; farla fuori, con poche lire di condono [...]. A differenza che nel resto d'Europa non c'è più certezza di tassazione con saltuari condoni, ma certezza di condoni con saltuaria tassazione».

Sull'orlo della bancarotta

Quando i guai arrivano, non arrivano mai da soli. Nell'estate 1992, la crisi del sistema monetario europeo si abbatté su un sistema politico già minato dagli scandali di Tangentopoli. Per evitare la catastrofe, fu necessario fare in poche settimane quello che non si era voluto fare per anni. Invece delle finte «stangate» che non cambiavano nulla, gli italiani furono bersagliati da una gran quantità di tasse vere. La più sgradita di tutte fu il prelievo del 6 per mille sui depositi bancari, adottato a sorpresa dal governo Amato 1 appena entrato in carica. Lasciò una traccia duratura di diffidenza verso uno Stato che poteva spingersi fino a toccare ciò che si riteneva più sicuro, i risparmi depositati in banca. Come scrisse Niccolò Machiavelli cinquecento anni fa, «li uomini sdimenticano più presto la morte del padre che la perdita del patrimonio».[15]

Fu una decisione presa nell'arco di poche ore. L'avevano suggerita i sindacati. Ciampi era contrario; si infuriò poi con l'allora vicedirettore della Banca d'Italia Antonio Fazio, che non era riuscito a trasmettere al governo il suo messaggio. Era dubbioso anche Piero Barucci, ministro del Tesoro, che però si piegò, perché «il governo era solo, e con i partiti allo sbando poteva appoggiarsi soltanto su Confindustria e sindacati». I due più forti gruppi di interesse, ovvero le maggiori «forze sociali», furono i soli interlocutori di quelle ore affannose. Per tenere la lira nel sistema monetario europeo occorreva alzare i tassi di interesse; e con i tassi alti si moltiplicava la spesa per gli interessi sul debito, che aveva superato il 100 per cento rispetto al prodotto lordo dell'Italia.

Il governo Amato dovette decidere in tutta fretta una manovra di 30mila miliardi di lire, veri questa volta e non gonfiati. C'era anche una tassa *una tantum* su case e terreni. Innescata dal no della Danimarca al trattato di Maastricht, e dall'attesa che il no potesse prevalere anche nel referendum francese fissato per settembre, la speculazione valutaria si accaniva sulla lira; il livello dei prezzi in Italia era così alto che le vacanze all'estero parevano a buon mercato. Non si poté svalutare subito, perché altrimenti i sindacati non avrebbero accettato di firmare l'accordo del 23 luglio con cui si aboliva la scala mobile. In un colloquio riservato con il presidente della Repubblica Oscar Luigi Scalfaro, Ciampi spiegò che era possibile perfino un crac finanziario dello Stato: «Ci si potrebbe trovare in una situazione in cui il paese è costretto a dichiarare di non essere in grado di onorare i propri impegni».[16] Dopo ferragosto, la situazione si fece di nuovo insostenibile.

Tagliare il nodo della Legge finanziaria?

Per rendere presentabili i conti del 1993 occorreva trovare quasi 100mila miliardi di lire. Il Parlamento, innervosito dalle inchieste giudiziarie, recalcitrava quasi a tutto. La coalizione di governo, composta ancora da Dc, Psi, Psdi e Pli, si reggeva su un margine di pochi voti. Amato, su consiglio del costituzionalista Fabio Merusi, escogitò una soluzione drastica: farla finita con le leggi finanziarie, facendo votare al Parlamento pieni poteri al governo per tre anni. Si sarebbe posta fine alle estenuanti trattative tra i partiti, e alle maratone parlamentari della sessione di bilancio: il presidente del Consiglio avrebbe potuto, grazie a una «legge sulla stabilità economica», adottare misure su spese ed entrate nel caso in cui il governatore della

Banca d'Italia avesse riscontrato «uno stato di pericolo per l'economia nazionale».

L'annuncio seguiva una nuova litigiosissima riunione del Consiglio dei ministri in cui Amato aveva chiesto, nel racconto di Barucci, «misure ad ampio raggio, riguardanti sanità e pensioni» e di nuovo non le aveva ottenute. La proposta di Amato non piacque ai partiti, sia di governo sia di opposizione. Alle ali estreme, sia la Lega Nord sia Rifondazione comunista gridarono al golpe. Lo stesso Ciampi, colto di sorpresa, non parve entusiasta di vedersi piombare tra capo e collo il potere di esautorare il Parlamento; per decidere «forse è meglio un collegio», disse alla Camera. Mario Monti espresse il timore che così Ciampi sarebbe stato «trascinato nell'arena politica».[17] Infine il presidente della Repubblica invitò il capo del governo ad accantonare la sua proposta.

I politici continuavano a ripetersi, senza rendersi conto che gli eventi precipitavano. Achille Occhetto, segretario del Pds, ancora criticava l'«accordo-capestro» (abolizione della scala mobile sui salari) firmato in luglio dal suo compagno di partito Bruno Trentin, che aveva appena ritirato le dimissioni da segretario generale della Cgil dopo un mese di sofferenza. Lo stesso Occhetto propose ai sindaci del suo partito di non applicare l'Ici, la nuova imposta sugli immobili (i sindaci si guardarono bene dal seguire l'invito, perché il gettito era destinato ai Comuni). La Lega Nord incitava allo sciopero fiscale completo. Nel governo, il ministro del Lavoro Nino Cristofori, Dc andreottiano, si oppose a riformare le cosiddette «pensioni baby», con cui gli statali potevano mettersi a riposo, se donne, perfino sui quarant'anni, e se uomini poco dopo.

Le code agli sportelli delle banche

Nei primi anni Novanta, ogni giorno le amministrazioni pubbliche spendevano 400 miliardi di lire in più rispetto a quanto incassavano. I Bot italiani sono *junk bonds*, obbligazioni spazzatura, dichiarava Rüdiger Dornbusch, economista tedescoamericano dalla lingua svelta. Senza varare una Legge finanziaria capace di rimettere a posto i conti, tenere la lira all'interno dello Sme era impossibile; ma il governo non riusciva a decidere nulla. Venerdì 11 settembre 1992, durante un pranzo riservato con i direttori dei maggiori quotidiani, Amato fece capire che a causa del ritardo delle misure la svalutazione sarebbe stata inevitabile. Quello stesso pomeriggio alle 18.30, il governo tedesco comunicò a quello italiano che la Bundesbank avrebbe abbandonato la difesa della lira. Nel fine settimana si concordò un riallineamento tra le parità delle monete europee; ma fu troppo limitato per durare.

La tempesta monetaria riprese con energia, animata anche da grandi speculatori come George Soros. Il martedì la lira era già discesa fino al nuovo massimo di oscillazione consentito verso il marco. Bastarono tre giorni per mandare in pezzi il riallineamento: il 16, mercoledì, la sterlina britannica usciva per sempre dal sistema monetario europeo; la lira sospendeva i cambi, si disse all'inizio, solo fino al martedì successivo, il 22. Eppure, giovedì 17 settembre il Consiglio dei ministri riuscì a decidere soltanto «il quadro» delle misure per il 1993. Quando domenica 20 il referendum francese disse di sì al Trattato di Maastricht, per l'Italia era troppo tardi. Il martedì 22, riaperti i mercati, gli obblighi di cambio della lira nello Sme venivano sospesi senza indicare un termine; si riconosceva che rientrare era impossibile.

Intanto le piazze si riempivano di manifestazioni di protesta contro la manovra, organizzate dai sindacati. In una di queste, a Firenze, Trentin fu contestato da estremisti di sinistra. Venerdì 25 settembre, in diverse banche si presentarono depositanti che prosciugarono il loro conto corrente, nel timore di un provvedimento a sorpresa molto più pesante di quello di luglio. Sabato 26, 200mila pensionati sfilarono in corteo a Roma. Umberto Bossi minacciava la secessione della Padania, e domenica 27 raccolse ben il 34 per cento dei voti al Comune di Mantova. Solo la notte del 30 settembre, all'ultimo momento come al solito, il governo riuscì a varare il disegno di Legge finanziaria per l'anno successivo.

A rischio gli stipendi degli statali

Potevamo fare la fine che ha fatto l'Argentina nel 2001: in gergo finanziario internazionale si chiama *default*, ovvero insolvenza dello Stato verso i suoi creditori. Ci siamo andati vicini.[18] Il panico era talmente penetrato tra i risparmiatori italiani, e tra gli investitori esteri era talmente diffusa la sfiducia nella capacità dell'Italia di governarsi, o addirittura di restare unita tra Nord e Sud, che si stentava a fare credito allo Stato anche ai rendimenti da favola di quell'epoca. Il 18 per cento di interesse, raggiunto dai Bot allora, va comparato a un tasso di inflazione annuale che era del 5 per cento o poco più. Dunque prestando soldi allo Stato si ricavava un pingue interesse «reale» (al netto dell'inflazione) del 13 per cento, quando la media storica è del 3 per cento, e quella degli ultimi anni attorno all'1 per cento. Con la legge sull'usura che fu varata anni dopo, tassi del genere sarebbero stati proibiti.

«Alla fine di ottobre rischiavamo di non poter pagare gli stipendi agli impiegati pubblici», racconta Barucci.[19] Anche Ciampi ha più volte accennato ai rischi che si corsero. Ci aiutò anche un prestito della Comunità europea, equivalente a 14.400 miliardi di lire. Amato riconobbe che le misure dalla «forza mai vista» del settembre '92 non andavano a merito del suo governo, ma gli erano state imposte dalla situazione. Tra l'altro, si istituiva l'Ici, imposta comunale sugli immobili. La Legge finanziaria 1993 fu l'unica che davvero, in numeri comprovati dalle statistiche, fece diminuire i consumi degli italiani. Non era mai successo prima e non è ancora successo dopo. Il malgoverno della finanza pubblica aveva condotto alla più grave recessione economica del dopoguerra. Nell'arco di due anni l'Italia perse quasi un milione di posti di lavoro.

Sacrifici sì, ma per gli altri

Negli stessi giorni in cui il governo non sapeva ancora se sarebbe riuscito a pagare gli stipendi, i commercianti non si vergognavano di protestare contro la *minimum tax* (il termine inglese, come spesso accade, era sbagliato: negli Stati Uniti la *minimum tax* è una soglia per l'uso complessivo delle esenzioni). Il governo Amato voleva porre fine allo scandalo per cui i piccoli imprenditori dichiaravano in media redditi inferiori a quelli dei loro dipendenti. I redditi dichiarati dall'impresa minore, che erano sui 15 milioni di lire annui (11.500 euro attuali) dovevano avvicinarsi – solo avvicinarsi – a quelli dei lavoratori dipendenti, raggiungendo soglie tra i 21 e i 31 milioni. I professionisti, che dichiaravano in media sui 30 milioni annui, si sarebbero dovuti spostare tra i 32 e i 50, a seconda delle categorie.

Si divisero i partiti della maggioranza, e anche quelli dell'opposizione. Il 21 ottobre voci su un cedimento del governo sulla *minimum tax* fecero precipitare il cambio della lira. Lunedì 26 ottobre, durante la manifestazione dei commercianti al Palazzo dello Sport di Roma, la rabbia travolse il presidente della Confcommercio Francesco Colucci, che proponeva di limitarsi a spegnere le insegne. Molti dei manifestanti dichiararono che avrebbero votato per la Lega Nord o per il Msi. «Abbiamo sempre votato per la croce e ora ce la stanno mettendo sulle spalle», spiegò un commerciante siciliano, prendendosela con la Dc. Dalla Dc occorreva staccarsi, disse il pasticciere di Messina Sergio Billé, allora presidente della Federazione dei pubblici esercizi. Promettendo che la *minimum tax* sarebbe stata temporanea, il governo riuscì a evitare la serrata proposta da Billé.

«Le rivolte fiscali le hanno sempre fatte gli evasori, in tutti i paesi e in tutte le epoche», disse allora Trentin. Le hanno guidate, sarebbe forse più esatto dire. Il rigetto delle nuove tasse era molto diffuso, tra tutti. Fino alla seconda metà degli anni Ottanta gli italiani avevano goduto di crescenti prestazioni dello Stato sociale e di maggiori spese pubbliche senza essere chiamati a pagarne il conto. Poi, per inseguire il deficit fuori controllo, il carico tributario era stato aumentato con rapidità, accatastando una confusa mole di misure frammentarie, che spesso si contraddicevano o si correggevano da un anno all'altro. La pressione fiscale complessiva sul prodotto lordo (che comprende sia le imposte propriamente dette sia i contributi sociali), stazionaria fino al 1987, scavalcò la media europea.[20]

Finalmente i tagli alle spese

L'unico governo capace di tagliare le spese è stato quello guidato da Carlo Azeglio Ciampi, formato da ministri dei vecchi partiti o tecnici, e con l'appoggio un po' defilato del Pds. In una delle sue prime uscite, Ciampi rimproverò agli industriali di essersi adattati al sistema delle tangenti. Anche loro avevano fatto finta di non vedere. Da anni la Confindustria si lamentava dei troppi vincoli posti alle imprese dalle leggi e dalla burocrazia, i «lacci e lacciuoli», secondo un'espressione di Luigi Einaudi spesso ripetuta da Guido Carli. «Ma mentre combattevate, e giustamente, per essere liberati da eccessivi vincoli amministrativi – disse il nuovo presidente del Consiglio all'assemblea annuale della Confindustria – si stava formando un viluppo di lacci e lacciuoli ben più impropri di quelli amministrativi, perché occulti, perché dannosi alla collettività, perché lesivi della legge, della logica di mercato, della dignità dell'imprenditore».

L'esame della Legge finanziaria in Parlamento, come al solito, sostituì aumenti di entrate ad alcuni tagli di spesa; ma i tagli restarono l'80 per cento della manovra. Per tagliare sul serio, occorreva modificare il funzionamento della pubblica amministrazione. Partiva una riforma del pubblico impiego; si snellivano le pratiche burocratiche; si abolivano ministeri, comitati ed enti inutili. Visibile a tutti fu una drastica semplificazione del «740» per dichiarare i redditi, a opera del ministro delle Finanze Franco Gallo. La pressione fiscale smise di aumentare. Un nuovo accordo con imprese e sindacati, raggiunto nel luglio 1993, ha regolato le relazioni industriali dei successivi quindici anni.

Il governo Ciampi riuscì anche a cominciare le privatizzazioni, fino ad allora ostacolate dai partiti, soprattutto Dc e Psi, che per anni avevano lottizzato le cariche nell'industria di Stato e nelle banche pubbliche. Ma troppe forze congiuravano contro il governo Ciampi. La burocrazia tendeva a sfruttare la mancanza di autorità politica dei ministri tecnici per fare i propri comodi. Il Pds, confortato dai successi nelle elezioni amministrative, non vedeva l'ora di sganciarsi, e aveva sottovalutato la capacità di Silvio Berlusconi di radunare in poco tempo un vasto consenso. In quel momento, il gruppo Fininvest era oppresso dai debiti, specie verso la Banca di Roma, con rischio addirittura di fallire; più tardi Mario Segni testimoniò che Berlusconi stesso gli aveva confidato[21] di essere entrato in politica anche per salvare l'azienda.

Vince la protesta contro le tasse

Due piccole misure valgono molto più di tanti numeri a spiegare gli inizi del governo Berlusconi nel 1994. Fu subito abolito l'obbligo per i contribuenti Iva di inviare l'elenco dei clienti e dei fornitori, essenziale perché il fisco possa combattere gli evasori che scaricano fatture false. Con altrettanta prontezza fu cancellato il divieto di rinnovare «tacitamente» i contratti di fornitura alle pubbliche amministrazioni a meno che non fosse concordato uno sconto del 10 per cento. Forse un po' velleitaria, questa norma introdotta dal governo Ciampi cercava di fare pulizia dopo gli scandali; le amministrazioni se ne erano difese rallentando i tempi, in modo da esasperare le imprese fornitrici. Ecco quali interessi il centrodestra non perse tempo a soddisfare.

Come si conviene a chi giunge al potere sull'onda di una protesta contro le tasse, la nuova maggioranza cominciò subito a parlare di condono fiscale. Tremonti, eletto con i centristi del Patto Segni, aveva cambiato schieramento quando Berlusconi gli aveva offerto le Finanze. Raccogliendo l'invito del governatore della Banca d'Italia Antonio Fazio, Tremonti affermò che la pressione fiscale non poteva essere diminuita. In luglio il governo adottò un provvedimento che Tremonti non volle fosse chiamato condono, ma «accertamento con adesione» o tutt'al più «concordato», perché «non opera sull'aspetto penale». Victor Uckmar, uno dei più noti tributaristi italiani, subito lo definì «un condono mascherato».[22] Vero e proprio condono era quello edilizio, che sanava tutte le costruzioni abusive iniziate dopo la sanatoria precedente, del 1985.

Nella manovra per il 1995 compariva però anche un elemento di rigore, voluto dal ministro del Tesoro Lamberto Dini: la riforma delle pensioni. Le norme più importanti acceleravano l'innalzamento dell'età per la pensione di vecchiaia che era stato cominciato due anni prima con la maximanovra del governo Amato, e decurtavano il calcolo delle pensioni future. Ma la Lega cominciava ad avvertire i malesseri tipici del movimento nato dalla protesta quando si trova alle prese con la responsabilità di governo. I sindacati proclamarono uno sciopero generale. Berlusconi aveva dichiarato che nemmeno lo sciopero generale lo avrebbe indotto a cambiare la manovra. Invece, la notte del 1° dicembre, durante un incontro con i sindacati condotto da lui in persona, il governo formalizzò la marcia indietro. Il 20 dicembre, dopo il voto alla manovra decurtata, Umberto Bossi tolse la fiducia a Berlusconi.

Il gioco al ribasso sulla lira

Lamberto Dini ricevette dal presidente Scalfaro l'incarico di formare un governo di tecnici. In origine, avrebbe dovuto appoggiarlo una maggioranza di larghe intese; i giornali almanaccarono su sottosegretari con un passato neofascista e sottosegretari con un passato comunista che avrebbero lavorato fianco a fianco. Ma Forza Italia e Alleanza nazionale presero le distanze, costringendo a dimettersi i due ministri a loro vicini, Antonio Marzano e Gaetano Rasi, e astenendosi sul voto di fiducia. Il marco tedesco era ormai a 1100 lire. Dini dovette decidere in tutta fretta le misure di risanamento che non aveva potuto adottare come ministro del Tesoro di Berlusconi. In tre settimane appena la manovra correttiva fu pronta, quasi tutta in nuove tasse a causa dell'urgenza: un decreto-legge da 21mila miliardi, principali misure un intervento sull'Iva, 110 lire al litro in più sulla benzina, un punto in più di aliquota Irpeg per le imprese.

Sulla manovra si consumò la rottura, dopo la quale il governo Dini restò sorretto da un'insolita alleanza tra Popolari, Pds e Lega Nord. E il contraltare del cosiddetto «ribaltone» fu un colpo di scena dietro il quale si sospettò che la politica si fosse mischiata alla speculazione finanziaria. Quando il governo approvò il decreto-legge con la manovra, il no di Forza Italia e Alleanza nazionale non era affatto scontato; si sperava in un'astensione. Nelle banche di Lugano gli italiani facevano la fila, impauriti dal crollo della lira. Ancora il primo marzo, le parole di Berlusconi che autorizzavano a sperare in una astensione avevano fatto risalire la lira da 1142 per marco a 1117, dopo una puntata a 1107. Il 2 marzo, il centrodestra fece sapere che per decidere avrebbe atteso la replica del presidente del Consiglio al Senato, il giorno successivo. Solo nel tardo pomeriggio del 3 marzo, diverse ore dopo che Dini aveva parlato, fu annunciato il no. Sui mercati la lira cadde a picco, perché l'esito del voto diventava incerto.

Tale fu la sorpresa che il centrosinistra lanciò il sospetto di una speculazione deliberata: ovvero che qualche azienda di Berlusconi nelle ore precedenti avesse fatto *insider trading* sul cambio della lira. L'indizio offerto dai cambisti era che quel giorno la lira, in apertura a 1160 per marco, dopo il discorso di Dini al Senato era risalita fino a 1147, in modo piuttosto incongruo rispetto agli umori del mondo politico; qualcuno aveva comprato lire in gran quantità, per poi rivenderle poche ore dopo. Chi avesse saputo, in via riservata, del futuro no di Berlusconi avrebbe potuto cambiare lire in marchi tedeschi per poi riacquistarle a prezzo più basso dopo la brusca caduta del cambio – fino a un nuovo record di 1185 – che l'annuncio provocò.[23] La Fininvest smentì: nessuna operazione sui mercati quel giorno. I magistrati romani aprirono un'inchiesta sull'*insider trading*, reato difficile da provare; finì nel nulla.

Si sblocca la riforma delle pensioni

Con il cambio svalutato l'Italia pagava molto di più tutti i beni importati, ma almeno le esportazioni andavano a gonfie vele. «L'Italia si è trasformata in un supermarket che vende tutto a prezzi scontati, dalle automobili alle macchinette per il caffè», scrisse il «Wall Street Journal».[24] Superato il rischio di un collasso della lira, il governo Dini riuscì a concordare con i sindacati un'ampia riforma delle pensioni. Le firme furono messe il 12 maggio, dopo due mesi e mezzo di trattativa; gli esperti giudicarono il nuovo sistema buono nei meccanismi, lentissimo nell'entrata a regime. Per i nuovi assunti, il calcolo delle pensioni sarebbe stato compiuto sulla base dei contributi effettivamente versati lungo tutta la vita lavorativa, così da assicurare un equilibrio.

I sindacati avevano detto sì grazie a un'importante concessione. Erano esclusi dal nuovo calcolo tutti i lavoratori che nel 1995 avevano almeno 18 anni di anzianità.[25] Inoltre, si riducevano i più sfacciati privilegi di pensione anticipata per i dipendenti pubblici. L'età minima per lasciare il lavoro restava ancora troppo bassa nel confronto internazionale, a 57 anni, secondo il principio dell'«anzianità», che dava diritto a una pensione dopo 35 anni di contributi. Cgil, Cisl e Uil avevano voluto proteggere i lavoratori delle fasce di età più alte, protagonisti delle lotte sindacali della fine degli anni Sessanta e dei primi '70: 1995 meno 18 fa 1977, dunque restavano fuori dalle nuove norme tutti i lavoratori assunti prima di quell'anno.

Con una maggioranza fragile, anche il governo di Dini, composto esclusivamente di ministri tecnici, era schiavo delle clientele parlamentari. Allontanato il rischio di una caduta libera della lira, la Legge finanziaria 1996 fu poco incisiva in partenza e lo divenne ancor meno nel passaggio parlamentare. Per farla approvare, si tornò a cercare compromessi con la parte più moderata del centrodestra. A rabbonire Forza Italia servì una norma fiscale a favore delle società che si fossero quotate in Borsa, grazie alla quale la Fininvest di Berlusconi avrebbe guadagnato un centinaio di miliardi di lire. Gli ex democristiani furono tacitati con 30 miliardi di finanziamenti alle scuole private. La Lega ottenne 120 miliardi di lire per costituire nuove province nel Nord. Dopo l'approvazione finale, anche i ministri più tecnici di quel governo tecnico si vantarono di aver strappato qualche miliardo in più per il loro settore.[26]

L'Ulivo esita quattro mesi

Proprio nei giorni delle elezioni che dettero la vittoria all'Ulivo di Romano Prodi, Carlo Azeglio Ciampi si era dovuto sottoporre, in segreto, a un intervento chirurgico. Da lì traevano origine le voci dei mesi successivi, che fosse gravemente malato; era invece in convalescenza, e recuperò benissimo. Soprattutto, aveva molta voglia di tornare al governo per portare l'Italia nell'euro. Il guaio era che in campagna elettorale Prodi aveva fatto una promessa impossibile da mantenere: rispettare i parametri di Maastricht senza aumentare le tasse. Da quell'obiettivo si era ancora troppo lontani, anche a causa della debolezza della Legge finanziaria 1996 del governo Dini.[27] Appena entrato in carica, il governo Prodi dovette adottare una manovra correttiva per il 1996.[28]

Prodi sperava di contrattare in Europa condizioni speciali per l'Italia: o uno sconto sui criteri oppure un ingresso ritardato di un anno nell'unione monetaria. Circolava anche l'ipotesi di un rinvio di un anno per tutti i paesi, «fermando gli orologi». Ciampi, tornato al governo come ministro del Tesoro, prevedeva che nessuna di queste soluzioni sarebbe stata possibile e preparava un piano alternativo. Era stato l'economista italoamericano Franco Modigliani, premio Nobel 1985, a suggerire per primo che un'energica manovra di risanamento dei conti, fatta tutta in una volta, avrebbe fatto scendere sui mercati gli interessi sul debito pubblico italiano, dando un aiuto grandissimo. Un eventuale rinvio, temeva Ciampi, avrebbe rafforzato chi, come il governatore Fazio, nell'unione monetaria non voleva entrare affatto.

Nel primo Dpef del governo Prodi, approvato il 27 giugno dopo una decina di giorni di contrasti, Ciampi dovette accettare un compromesso al ribasso. L'ipotesi di ricondurre il deficit entro il 3 per cento di Maastricht già nel 1997 era confinata a un solo paragrafo, che prima della stampa venne riscritto cinque volte[29] dal sottosegretario al Tesoro Piero Giarda e dal capo di gabinetto di Ciampi, Paolo De Ioanna. Vi si prendeva in considerazione l'ipotesi di uno «sforzo ulteriore» per il 1997, da esaminare in un «momento successivo». Mirare subito alto, nelle condizioni di giugno, sarebbe apparso velleitario, si giustificò poi Ciampi («mi avrebbero portato al manicomio», raccontò di aver detto al collega tedesco Theo Waigel il 4 luglio[30]). Gli altri ministri ritennero di avergli dato un contentino innocuo.

Lo schiaffo di Valencia

Contro la marcia più rapida verso l'euro non erano schierati soltanto i politici, ma anche molti tecnici e burocrati. Recalcitravano tutti i poteri costituiti, temendo che l'unione monetaria europea li ridimensionasse. Antonio Fazio dalla Banca d'Italia remava contro: «obiettivi severi, ma credibili», aveva chiesto già nelle considerazioni finali del 31 maggio, facendo intendere che il 3 per cento di deficit nel 1997 era un'utopia. Ascoltato in Parlamento, il governatore fu più preciso: espresse consenso alle linee generali del Dpef escludendo che l'economia italiana potesse sopportare interventi più pesanti, come ipotizzato nel paragrafetto caro a Ciampi. Anche il ragioniere generale dello Stato Andrea Monorchio uscì allo scoperto con un'intervista, evento rarissimo, definendo irrealizzabile una maximanovra per l'euro.

In segreto, Ciampi e i suoi sottosegretari abbreviarono le ferie estive. Rientrarono al Tesoro il 17 agosto per lavorare anche al «raddoppio» della manovra, mentre gli altri ministeri, a cominciare dalle Finanze, conoscevano soltanto l'ipotesi di 32.400 miliardi. Il 16 settembre, arrivò il colpo di scena: accadde nella città mediterranea di Valencia, in un incontro bilaterale con il governo spagnolo, a quel tempo un centrodestra retto da José María Aznar, il quale disse chiaro e tondo che la Spagna al 3 per cento necessario per l'ammissione all'euro ci sarebbe arrivata già nel 1997, con una *clarísima determinación* a entrare subito nell'unione monetaria. Cadeva la speranza di Prodi di allearsi al governo di Madrid per ottenere insieme un trattamento speciale.

La mattina dopo, martedì 17 settembre, nella sua camera dell'Hotel Melià di Valencia, Prodi fu convinto da Ciampi e da Andreatta, allora ministro della Difesa, a trovare alleati per la manovra. Tornati a Roma, Andreatta si dette da fare per ottenere un consenso compatto dai Popolari, con l'aiuto anche del giovane amico Enrico Letta che ad appena trent'anni stava per diventarne vicesegretario. Ciampi si incontrò con il ministro delle Finanze Vincenzo Visco, che fu d'accordo e si impegnò a convincere il suo partito, il Pds. Massimo D'Alema, allora segretario del Pds, diede il proprio sì a Ciampi nel pomeriggio del 18 settembre, dopo una lunga telefonata; subito cambiò il testo del discorso che la domenica successiva, 22 settembre, avrebbe pronunciato alla Festa nazionale dell'Unità: invece di coprirsi a sinistra, puntò sul rigore.

Arriva l'eurotassa

Solo sull'orlo del baratro, o pressata da una scadenza urgente, la politica italiana riesce a prendere decisioni efficaci. Fu così che il 27 settembre il Consiglio dei ministri approvò un disegno di Legge finanziaria da 62.500 miliardi di lire. Bertinotti, con disappunto di D'Alema, aveva ottenuto da Prodi di puntare molto sulle tasse e poco sul riordino della spesa pubblica proposto da Ciampi. 62mila miliardi sono tre milioni di lire a famiglia, si calcolò rozzamente nelle prime proteste; non era vero. Un milione abbondante di lire a famiglia da pagare c'era, con 27.300 miliardi di nuove entrate tra cui, per metà, l'«eurotassa» che però venne definita solo più tardi. Si aggiungevano 22.700 miliardi di tagli alle spese. Un quinto della manovra era composto di espedienti contabili, che non avrebbero pesato su nessuno.

Il Polo delle libertà presentò una «contromanovra» che, come quelle presentate dal Pci negli anni Ottanta quando era all'opposizione, conteneva molte cifre inattendibili; eppure condivideva la necessità di compiere uno sforzo massiccio per entrare nell'euro da subito. Gli interventi necessari venivano stimati, a pari del governo, in 62mila miliardi. Nello stesso tempo, il centrodestra appoggiava molte delle proteste, come quella dei commercianti, guidata dallo stesso Sergio Billé di tre anni prima, asceso nel frattempo alla presidenza della Confcommercio. Billé minacciò l'«ostruzionismo fiscale». Era Umberto Bossi, in quei giorni, a incitare a non pagare l'acconto Irpef di novembre. Di ostruzionismo si vide in concreto quello solito, in Parlamento: Polo delle libertà e Lega rallentarono i tempi della finanziaria con una maratona di 83 giorni.

Ciampi aveva commissionato in segreto un sondaggio di opinione, da cui risultava che una maggioranza di italiani era disposta a fare un temporaneo sforzo in più per non mancare l'appuntamento con l'unione monetaria. Però la prolungata incertezza sull'eurotassa favorì il diffondersi di voci allarmistiche («ci porterà via tutte le tredicesime»). Doveva trattarsi di un tributo *una tantum*, da rimborsare più tardi.[31] Solo alla fine di novembre l'eurotassa prese forma definitiva: un'addizionale sull'Irpef da cui erano esentati i lavoratori dipendenti e i pensionati sotto i 23,5 milioni di reddito annuo e i lavoratori autonomi sotto i 17,2; avrebbe portato 5500 miliardi di lire.[32] La protesta della Confcommercio di Billé era servita a qualcosa: visto che gli autonomi, scomparsa la *minimum tax*, erano tornati a dichiarare redditi molto bassi, la metà di loro ricadeva nell'esenzione.

L'ipocrisia delle manovre a rate

In realtà la Legge finanziaria 1997, pur pesante e con tutta l'eurotassa, non bastava a contenere il deficit del 1997 entro il

3 per cento, necessario per l'ammissione all'euro. Prodi se l'era anche lasciato scappare, una volta: per ora miriamo al 3,5 per cento, poi vediamo se è proprio necessario arrivare al *drei Komma null* (il 3 detto con le parole del ministro delle Finanze tedesco Theo Waigel). Il 21 marzo 1997, come da copione, fu la Relazione di cassa del Tesoro a confermare che occorreva un nuovo sforzo se si voleva chiudere l'anno con il raggiungimento dell'obiettivo. All'interno della maggioranza qualcuno mugugnava che non si poteva «morire per Maastricht»; tanto più che si avvicinava il voto amministrativo a Milano, Torino, Trieste, Ancona.

Su annunci e smentite ironizzava sul «Corriere della Sera» Indro Montanelli: «Posso soltanto, a nome del comune cittadino, rivolgere al presidente Prodi una domanda: perché, invece di frastornarci la testa con questa farragine di "voci" sminuzzate, non si presenta alla Camera per dire non tanto ai deputati, quanto al paese: "Signori, l'ingresso senza indugi della lira nella moneta europea [...] ha un costo: 100mila miliardi. Non possiamo prelevarlo con nuove tasse che ormai toccano il limite di sopportazione. Bisogna riformare lo Stato sociale e previdenziale. Se l'opposizione e l'on. Bertinotti sono convinti di saper risolvere questa quadratura del cerchio meglio di noi, ce ne diano la prova prendendo il nostro posto". Sarà, ne convengo, un discorso semplicistico e magari anche qualunquistico. Ma è l'unico che il comune cittadino capirebbe».

Non accadde così. Con questo procedere a rate, si finiva sempre per ricascare sulle tasse evitando interventi profondi sulla spesa pubblica. La manovra-bis, varata il 27 marzo con decreto-legge, era fatta in gran parte di anticipi di imposta e di espedienti contabili. Intanto contro le tasse aveva cominciato a protestare anche la Confindustria. Il 10 aprile, tremila imprenditori si riunirono a Roma in una «consulta straordinaria». Gli inviati dei giornali si meravigliarono del linguaggio popolano, rozzo, di quella protesta. Il presidente Giorgio Fossa inveì contro il governo, «che accetta supinamente i ricatti di una parte politica e sociale», ovvero dell'estrema sinistra e dei sindacati. Eppure in quella fase le imprese guadagnavano benissimo, come Fazio aveva fatto notare: «la redistribuzione del reddito va a vantaggio dei profitti» che «sono vicini ai massimi storici toccati negli anni Cinquanta».[33]

Per Maastricht uno sforzo corale? Mica tanto

«Il fabbisogno di cassa dell'anno 1997 ammonta pertanto a circa 52.500 miliardi, inferiore di oltre 76.300 miliardi a quello dell'anno 1996»: in questa arida forma burocratica fu stilato, il 2 gennaio 1998, quello che Ciampi scherzosamente chiamò il suo «bollettino della vittoria».[34] Gli era riuscito di raggiungere, anzi di superare con un certo margine, l'obiettivo di Maastricht, più che dimezzando il deficit pubblico in un solo anno: dal 7 per cento del prodotto lordo nel 1996 al 2,7 per cento del 1997. Senza malanimo, anche l'opposizione riconosceva il successo: «Sportivamente dobbiamo dare atto di un risultato molto positivo. Ma se si vuole fare un'analisi seria, senza propaganda politica, si deve dire che il merito è corale», dichiarò Giulio Tremonti, dimentico dell'ostruzionismo parlamentare di un anno prima.

Aveva giovato che maggioranza e opposizione ora cooperassero nella commissione bicamerale per le riforme istituzionali. Nell'autunno, una rivolta del popolo della sinistra aveva impedito a Bertinotti di far cadere il governo. Ma se si guarda alle grandi forze sociali, tanto corale l'impegno non era stato: i sindacati – soprattutto la Cisl e la Uil – sulle pensioni non avevano concesso quasi nulla; la Confindustria si era agitata parecchio; la Confcommercio aveva soltanto guardato agli interessi della categoria. Eppure l'economia aveva ripreso ad andar bene. Nonostante il record raggiunto dalla pressione fiscale,[35] la Borsa era salita; a dispetto della «cappa di piombo» lamentata l'anno prima dal presidente della Confindustria Giorgio Fossa, i profitti delle grandi imprese erano ancora aumentati.

Chi non si era sforzato per nulla era stato Antonio Fazio. Il governatore restava persuaso che l'Italia fosse un caso speciale e non potesse adattarsi alle regole buone per gli altri paesi; e avrebbe preferito mantenere nelle proprie mani la guida della politica monetaria. Non potendo bloccare una decisione di competenza del governo, prese a sottolinearne i rischi. Da cattolico, l'immagine che gli venne in mente fu: «Attenzione, l'euro non sarà un paradiso, ma un purgatorio»; per questo sarebbe stato meglio «cominciare subito a espiare».[36] Fazio in buona fede pensava – lo si è capito solo ora – che l'unione monetaria potesse non realizzarsi. Isolato o quasi in Europa, ma in sintonia con diversi economisti americani, si era fatto l'idea che eventi imprevisti, turbolenze monetarie, attacchi speculativi, potessero condurre a un naufragio; e le conseguenze, ovviamente, sarebbero state più gravi per le monete più deboli, come la lira.

Entrati nell'euro, rompete le righe

Il malcontento contro le tasse era sempre più diffuso, benché l'Irap, la nuova imposta inventata da Visco, si fosse dimostrata di 9000 miliardi di lire più leggera di quelle di cui aveva preso il posto; e benché il 60 per cento dell'eurotassa fosse stato restituito. Dall'altra parte, militanti e intellettuali chiedevano al governo di «fare qualcosa di sinistra». Bertinotti nell'autunno '98 riuscì a sfilarsi dalla maggioranza, come non gli era riuscito l'anno prima; trovò il pretesto che la Legge finanziaria per il 1999 era «neoliberista». A maggioranza cambiata, il nuovo governo presieduto da Massimo D'Alema qualche proposito liberista lo espresse; ma poco si realizzò. La manovra per il 1999 fu, soprattutto, leggera; per finanziare qualche piccola spesa sociale in più il Parlamento conservò il bollo sui passaporti, che Visco aveva proposto di abolire.

La coalizione non seppe scegliere tra troppi stimoli differenti: si dibatteva tra la politica del rigore di cui si era fatta carico per responsabilità, le richieste ideologiche tradizionali della base, e le liberalizzazioni suggerite dagli esperti di economia che il ministro Pierluigi Bersani cominciava ad applicare. Il risultato fu una combinazione poco leggibile di tutto quanto; e per appianare i contrasti, nella manovra per il 2000 tornarono ad allentarsi i freni della spesa. Anche gli sgravi fiscali si moltiplicarono durante l'esame parlamentare. Comparvero i fondi per dare 250mila lire all'anno alle pensioni sociali, che erano di 615mila lire al mese; le detrazioni Irpef per le famiglie furono accresciute secondo un calendario triennale. Nella fase finale comparve uno sgravio, in due stadi, all'imposta di successione che Berlusconi aveva proposto di abolire del tutto.

Si riproducevano i vecchi tentativi scomposti di compiacere gli elettori, senza un progetto. Amato notò che «i problemi di una economia inquieta», in tempi in cui ci si preoccupava dell'inflazione un po' troppo alta e della crescita un po' troppo bassa, erano riusciti a esprimersi soltanto come «una somma poliedrica di emendamenti, specchio di ispirazioni localistiche».[37] I conti dello Stato per il 1999 si chiusero molto bene, grazie alle entrate tributarie rivelatesi superiori al previsto. Ci si stupì che la pressione fiscale fosse cresciuta invece di diminuire, come il governo si proponeva.[38] Come mai? C'era una parte che non si riusciva a spiegare, 2400 miliardi di Irpef alla quale nessuna modifica era stata apportata nell'anno, circa duemila di Iva. La Banca d'Italia ne concluse che un po' di recupero dell'evasione era avvenuto davvero.[39]

Una manovra troppo generosa

Nelle elezioni regionali del 16 aprile 2000, il centrodestra prevalse oltre i sondaggi, strappando al centrosinistra quattro nuove regioni tra le 15 in cui si votava. Lo scossone fece cadere il brevissimo governo D'Alema 2, e portò alla presidenza del Consiglio Giuliano Amato, sostituito al Tesoro da Visco. Il 31 maggio Antonio Fazio attaccò su tutta la linea: i sindacati, un poco anche gli imprenditori, soprattutto il governo, con un discorso che confermò il sospetto di ambizioni politiche. Disse che era arrivato «il tempo di agire su fisco, pensioni e lavoro».[40] Il centrosinistra si persuase che l'unica speranza di evitare la vittoria di Berlusconi era di batterlo sul tempo. Maturò la scelta di ridurre le tasse quanto più possibile, e la politica del rigore fu abbandonata del tutto. Si disse che c'era un *bonus* fiscale da ridistribuire: era la stessa cosa del «tesoretto» di sei anni dopo, entrate fiscali superiori alle previsioni.

Per dimensioni, gli sgravi della manovra 2001 restano i più ampi mai attuati da qualsiasi governo. La finanziaria 2001 prometteva 41mila miliardi in meno di tasse in due anni. La manovra che il governo Amato 2 presentò al Parlamento «dava» generosamente ai cittadini invece di togliere: nel computo riportato dalla Banca d'Italia[41] il deficit del 2001 sarebbe peggiorato di 24.200 miliardi di lire rispetto alle tendenze spontanee. La prima casa scompariva dall'Irpef; le aliquote dell'Irpef venivano ridotte secondo un programma triennale; le imprese ottenevano un punto in meno di aliquota sull'Irpeg, dal 37 per cento al 36 per cento. Ottaviano Del Turco, ministro delle Finanze, propose di abolire lo scontrino fiscale, per accattivarsi i commercianti: non passò. Secondo uno studio dell'Agenzia delle Entrate, l'evasione tornò a risalire sotto il governo Amato 2, dopo essere discesa negli anni precedenti del centrosinistra.[42]

Partito con 76 articoli, il testo della finanziaria che il Parlamento approvò, alla fine, ne contava 158, per oltre 92mila parole, un nuovo record. Sulla carta, il saldo era peggiorato soltanto di poco: 24.800 miliardi di aggravio del deficit invece di 24.200.[43] «Mi preoccupa che molte di queste aggiunte siano state approvate con il voto unito dell'attuale maggioranza e dell'opposizione – commentò Mario Sarcinelli – perché questo può essere la prova, parlando da economista, che non c'è solo un problema di offerta, c'è anche un problema di domanda. Ovvero, non è solo la parte politica al potere che offre elargizioni per acquistare o riacquistare favore, ma c'è anche la società che si fa sentire, ci sono gruppi che domandano sussidi o privilegi, mettendo in concorrenza le parti politiche.»[44]

C'era da temere, secondo Sarcinelli, che la collettività italiana si fosse «stancata di essere virtuosa nel governo dell'economia»; stava «finendo un ciclo iniziato con la resipiscenza a cui fummo indotti dalla crisi del 1992». Le pressioni dei gruppi di interesse si fanno più forti quando il voto si avvicina; più una coalizione al potere ha paura di perdere, più è incline a cedere.[45] Tra le modifiche alla Legge finanziaria 2001 la più pesante, contabilizzata per 1700 miliardi di lire ma probabilmente più costosa,[46] era stata frutto di una decisione politica di vertice: si era abolito il ticket sui medicinali delle fasce A e B. La speranza dell'Ulivo era di favorire un accordo elettorale con Rifondazione; non si realizzò. Finito il ciclo del dissesto e del risanamento, si tornava a pratiche simili a quelle degli anni Ottanta.

---

1 Pandolfi ricorda che prima della legge 468 il bilancio «registrava solo le grandezze relative all'amministrazione statale in senso stretto» mentre «non c'era alcuna traccia del disavanzo del settore pubblico allargato» ovvero dei finanziamenti a enti previdenziali, enti a partecipazione statale, enti parastatali; questi emergevano solo a posteriori, a cose fatte, con tempi «a discrezione della Ragioneria dello Stato»; fu il Fondo monetario a pretendere che fosse evidenziato in una sola cifra tutto il «fabbisogno finanziario del settore pubblico» (Intervento al ciclo di incontri dell'Università Bocconi «I ministri del Tesoro raccontano 50 anni di politica economica in Italia», Milano 19 febbraio 2007).

2 Nel libro *La politica economica italiana 1968-2007*, Laterza, Roma-Bari 2007, il direttore centrale per la ricerca economica della Banca d'Italia Salvatore Rossi conclude che quello del 1978 fu il «primo, meritorio tentativo di introdurre elementi di controllabilità e di trasparenza nel bilancio pubblico italiano; primo di una serie, lunga e accidentata, di tentativi il cui sbocco finale è ancor oggi lontano». Infatti «l'intrico delle norme giuridico-contabili e le resistenze delle caste burocratiche, a cominciare dalla Ragioneria generale dello Stato, sono tali che il bilancio pubblico resta un impenetrabile libro sacerdotale, inservibile a scopi di controllo da parte dell'opinione pubblica, e di direzione politica».

3 In *I documenti di programmazione*, a cura di Antonella Crescenzi, Luiss University Press 2007, p. 176.

4 Giuseppe Vegas, «I documenti di bilancio», in *Il bilancio dello Stato. La finanza pubblica tra Governo e Parlamento*, Il Sole 24 ore, IV ed., Milano 2005, p. 86.

5 Già Paolo Baffi, governatore della Banca d'Italia fino al 1979, se ne era

lamentato; ma in un paese sconvolto dal terrorismo, non aveva trovato la forza di agire.

6 «Agimmo d'impeto, prima che la coalizione degli interessi contrari potesse organizzarsi», ricorda l'economista Lucio Izzo, allora consigliere di Andreatta (intervento alla commemorazione «Andreatta a via XX settembre: semi e tracce», 13 febbraio 2008).

7 Sarebbe stata qualcosa di simile all'Ici, istituita undici anni dopo (Andrea Manzella, intervento alla commemorazione «Andreatta a via XX settembre: semi e tracce», 13 febbraio 2008).

8 Daniele Franco, *L'espansione della spesa pubblica in Italia*, Il Mulino, Bologna 1993, p. 191.

9 *Ibidem*, p. 197.

10 Degli oltre tre punti di prodotto lordo in più destinati a previdenza, assistenza, sanità, istruzione negli anni tra il 1980 e il 1985, meno di un punto servì a estendere i servizi, mentre due punti e mezzo accrebbero la generosità delle prestazioni offerte a chi già ne era destinatario (Rossi, *La politica economica*, cit., p. 54).

11 «Il Sole 24 Ore», 20 gennaio 2007.

12 Erano piani «derivati da scenari macroeconomici poco verosimili, viziati da incoerenze interne, basati su misure di correzione non esplicitate o politicamente irrealistiche», che erano «puntualmente smentiti dai fatti» (Rossi, *La politica economica*, cit., p. 64).

13 Intervento alla commemorazione di Guido Carli, palazzo Giustiniani, 21 aprile 2008.

14 «Corriere della Sera», 25 settembre 1991.

15 Niccolò Machiavelli, *Il Principe*, Bur/Rizzoli, Milano 1997, cap. 17.

16 Paolo Peluffo, *Carlo Azeglio Ciampi, l'uomo, il presidente,* Rizzoli, Milano 2007, p. 137.

17 «Corriere della Sera», 11 settembre 1992.

18 L'allora ministro del Tesoro Piero Barucci sostiene che se Umberto Bossi avesse lanciato il suo appello allo sciopero dei Bot prima dell'asta Bot del 25 settembre, e non subito dopo, «avrebbe forse potuto dare la piccola spallata» capace di cambiare il corso degli eventi (Piero Barucci, *L'isola italiana del Tesoro. Ricordi di un naufragio evitato 1992-1994*, Rizzoli, Milano 1995, p. 73).

19 Intervento al ciclo di incontri dell'Università Bocconi «I ministri del Tesoro raccontano 50 anni di politica economica in Italia», Milano 5 marzo 2007.

20 Il 41,9 per cento del prodotto lordo nel 1992, 42,9 per cento nel 1993.

21 Intervista a «La Stampa», 24 gennaio 2004.

22 «Corriere della Sera», 15 luglio 1994.

23 Comprando marchi a 1107 il primo marzo e rivendendoli il 3, il guada-

gno avrebbe potuto essere del 7 per cento in 48 ore; una operazione nella sola giornata del 3 avrebbe portato un 3 per cento abbondante.

24 «Wall Street Journal», edizione americana, 27 marzo 1995.

25 A chi era già occupato, ma da meno di 18 anni, si sarebbe applicato un calcolo misto; solo ai nuovi assunti il «contributivo» integrale.

26 Nel progetto originario, i 32.500 miliardi di manovra 1996 avrebbero dovuto venire per metà dalle entrate e per l'altra metà dai tagli alle spese; il 27 settembre, al varo del disegno di Legge finanziaria in Consiglio dei ministri, le maggiori entrate erano salite a 18mila miliardi, i tagli alle spese, sempre difficili, erano scesi a 14.500. Alla fine del percorso parlamentare, gli aumenti di entrate erano ancora saliti a 22.500 miliardi di lire, rispetto agli originali 16mila, mentre i tagli alle spese erano scesi a diecimila.

27 Nell'insieme, tuttavia, i tre governi del risanamento, Amato 1, Ciampi e Dini, con il breve intervallo del Berlusconi 1, riuscirono ad abbassare la spesa corrente di oltre quattro punti, dal 52,5 per cento al 48,3 per cento del prodotto lordo.

28 Per un importo di 16mila miliardi, 11mila di minori spese e 5000 di maggiori entrate.

29 Paolo Peluffo, *Carlo Azeglio Ciampi*, cit., p. 208.

30 «La Stampa», 1° maggio 1998.

31 In effetti ne fu restituito il 60 per cento nel 1999.

32 Ossia la metà di quanto si era temuto all'inizio. Il resto veniva da provvedimenti *una tantum*.

33 Considerazioni finali del governatore, 31 maggio 1996.

34 Paolo Peluffo, *Carlo Azeglio Ciampi*, cit., p. 261.

35 Nel 1997 la pressione fiscale complessiva, tra tasse e contributi sociali, aveva raggiunto quello che finora resta il suo record, 43,7 per cento del prodotto lordo, superando la Germania sebbene non la Francia e i paesi nordici.

36 Audizione alla commissione bilancio della Camera dei deputati, 12 febbraio 1998.

37 «La Stampa», 19 dicembre 1999.

38 I dati provvisori davano un aumento di tre decimi sul prodotto lordo, che nei definitivi si ridusse a un decimo.

39 «Bollettino economico della Banca d'Italia», n. 34, marzo 2000.

40 Considerazioni finali del governatore, 31 maggio 2000.

41 «Bollettino economico della Banca d'Italia», n. 35, ottobre 2000, p. 86.

42 Massimiliano Marigliani, Stefano Pisani, *Le basi imponibili Iva. Aspetti generali e principali risultati per il periodo 1980-2004*, documento di lavoro dell'Ufficio studi dell'Agenzia delle Entrate, 2007.

43 «Bollettino economico della Banca d'Italia», n. 36, marzo 2001, p. 90.

[44] Intervista a «La Stampa», 24 dicembre 2000.

[45] Tuttavia un ampio studio di due economisti americani, condotto su 74 paesi in un arco di quarant'anni, tende a escludere che spendendo in deficit alla vigilia delle elezioni si riesca a vincerle; casomai il contrario (Adi Brender, Alan Drazen, *How do Budget Deficits and Economic Growth Affect Reelection Prospects?* Nber Working Paper 11862, dicembre 2005).

[46] Successive stime parlarono almeno di 2500.

L'era della finanza creativa
(2001-2005)

La colpa è tutta degli altri, 1: il buco

«La cassa è vuota, il piatto piange»: Giulio Tremonti comparve in televisione la sera dell'11 luglio 2001, con una bacchetta e una lavagna, per spiegare che il centrosinistra aveva lasciato un enorme «buco» nei conti dello Stato. Era vero che i conti peggioravano, perché il governo Amato 2 aveva concesso di propria iniziativa sgravi fiscali ampi come quelli che Berlusconi prometteva, e aveva lasciato risalire le spese. Ma le cifre che Tremonti dette parvero esagerate a tutti gli esperti. Soprattutto, nei mesi successivi il ministro dell'Economia – così ora si chiamava il ministero nato dalla fusione di Tesoro, Bilancio e Finanze – si comportò come se nemmeno lui ci credesse. I provvedimenti che prese furono la risposta a un «buco» assai meno grave.

Quanto Tremonti avesse ragione è un complesso problema tecnico. Il fatto certo è che, nei cinque anni successivi, il centrodestra ha fatto molto peggio. Dal consuntivo della legislatura risulta una forte crescita della spesa pubblica, circa due punti in rapporto al prodotto lordo; con una velocità che era stata raggiunta solo con il grande scialo degli anni Ottanta. L'accusa di aver sprecato il «dividendo» ottenuto dall'ingresso nell'euro (70 miliardi di minor spesa per il debito pubblico, dovuta ai tassi di interesse più bassi), ripetuta di recente dalla Corte dei conti,[1] si riferisce in gran parte al quinquennio del centrodestra, con i governi Berlusconi 2 e Berlusconi 3; sebbene a inaugurare la tendenza fosse stato (come più tardi ha riconosciuto lo stesso Tommaso Padoa-Schioppa) il precedente governo Amato.

Quella del «buco» fu la prima manifestazione di una tendenza costante dello schieramento guidato da Silvio Berlusconi: esagerare l'importanza di tutti i fattori esterni che impediscono di realizzare buoni risultati. Lo scaricabarile è reso più facile dal controllo di un'ampia fetta dei mezzi di comunicazione di massa. Nel 2001, arrivando al governo, il centrodestra constatava che, dopo gli azzardi del centrosinistra l'anno prima, nel bilancio pubblico non era rimasto più spazio per nuovi immediati sgravi fiscali. Il centrodestra sperava che il «nuovo miracolo economico» promesso potesse crearne in seguito; ma per il momento non gli rimaneva che trovare un capro espiatorio.

Il miracolo verrà poi

Che un nuovo miracolo economico fosse possibile l'aveva detto Antonio Fazio all'assemblea della Banca d'Italia il 31 maggio 2001. Abbandonando ogni finzione di imparzialità politica, il 14 luglio, tre giorni dopo l'apparizione televisiva sul «buco», il governatore rivolse a Tremonti l'augurio di restare al governo «cinque anni e forse molti di più»: parole mai rivolte da un banchiere centrale a un ministro, nei paesi democratici perché non sta bene, nei paesi autoritari perché non ce n'è bisogno. Tremonti ringraziò citando san Tommaso d'Aquino, che sapeva filosofo preferito del cattolicissimo Fazio. «La politica del centrosinistra ha portato a una crescita più bassa della media europea, è un dato di fatto», aggiunse il governatore il 24 luglio, nell'audizione parlamentare sul Dpef (la distanza dalla media europea rimase tale e quale negli anni di governo del centrodestra).

I provvedimenti dei «primi cento giorni» furono approvati dal governo Berlusconi 2 il 27 giugno: niente più tassa di successione, niente più permesso per le ristrutturazioni interne delle case («padroni in casa propria» era lo slogan), legge Tremonti-bis di sgravio agli investimenti, «legge obiettivo» per costruire a breve le opere pubbliche, condono per far emergere il lavoro sommerso e così via. La Tremonti-bis, che ripeteva il provvedimento simile del 1994 criticato dal Fmi, risultò una legge molto popolare tra imprenditori e professionisti, forse perché consentiva di far passare come investimento, e quindi di detassare, gli acquisti di auto e di immobili. «Il governo mette un turbo nell'economia», dichiarò il presidente di Confindustria Antonio D'Amato, un altro entusiasta.

Nello scrivere il nuovo Dpef, il 2002-2006, e poi il disegno di Legge finanziaria 2002, sui conti pubblici Tremonti prese per buone le cifre del ragioniere generale dello Stato Andrea Monorchio. Se avesse creduto vere le cifre più pessimistiche del governatore della Banca d'Italia Antonio Fazio, si sarebbe ben guardato dal prendere un impegno azzardato come quello che formulò quell'estate. La frase esatta fu: «Nell'ufficio del ministro c'è la scrivania di Quintino Sella. Quella scrivania sarebbe liberata se il pareggio di bilancio non fosse raggiunto nel 2003». In realtà il governo italiano, come altri in Europa, si stava adoperando perché quell'impegno collettivo troppo stringente fosse rinviato; era già slittato dalla prima scadenza fissata dopo l'euro, il 2002.

Non aveva vinto Margaret Thatcher

Oggi Tremonti si rammarica di non aver compiuto scelte più rigorose all'inizio della legislatura; se le avesse fatte, il centrodestra si sarebbe potuto presentare in condizioni migliori al voto del 2006. Il problema è se quella maggioranza fosse in grado di sostenerle. Il paese, come si è visto, era stanco del risanamento. C'era anche un'arretrata fame di spesa pubblica o di sussidi, nelle lobby organizzate che avevano molto contribuito alla vittoria del centrodestra. Nel 1994 Berlusconi si era imposto con un «partito di plastica» messo in piedi in pochi mesi, sfruttando slogan nuovi per l'Italia, «meno Stato, più libertà di impresa»; aveva trascinato con sé intellettuali moderati affascinati dal sogno che il suo carisma creasse un «partito liberale di massa» che l'Italia non aveva mai avuto. Ora Forza Italia era diventato un partito «vero» nel legame con i gruppi di interesse, a cominciare dalla Confindustria di Antonio D'Amato, e dalla Confcommercio di Sergio Billé poi travolto dagli scandali.

Fu un abbaglio colossale quello preso da gran parte della sinistra sconfitta: che avesse prevalso nel 2001 con Berlusconi uno spietato liberismo thatcheriano o reaganiano (con il timore taciuto che a rilanciare la crescita ci riuscisse davvero, come la Thatcher e Reagan). Al contrario, aveva vinto l'Italia delle clientele, come si constatò poi a bilancio del quinquennio: l'unico tentativo di liberalizzare, fallito a causa delle proteste di piazza, riguardò la legge sui licenziamenti. Non fu decisa nemmeno una privatizzazione. Invece che «meno Stato», si ebbe un forte aumento della spesa pubblica, costante, anno dopo anno. La promessa di informatizzare da cima a fondo la pubblica amministrazione, non realizzata, fu ripetuta tale e quale sette anni dopo, nella campagna elettorale del 2008. Delle grandi opere pubbliche che la «legge obiettivo» del 2001 doveva accelerare, in capo a sei anni risultò ultimato soltanto il 2,2 per cento.

Nella manovra 2002 uno sgravio fiscale c'era, ma con il trucco: si rivendeva una seconda volta la stessa merce. Il centrodestra annullava gli sgravi già decisi dal centrosinistra con decorrenza 2002 per concederne di diversi, a proprio nome, grosso modo dello stesso importo.[2] La parte principale della riduzione del deficit 2002, 9,1 miliardi, veniva da una misura *una tantum*, 7,7 miliardi da nuove cartolarizzazioni di immobili. A questo tipo di operazioni finanziarie – cedere il diritto a vendere immobili pubblici – il centrodestra fece un ricorso molto ampio. A consuntivo, la Corte dei conti calcola che si è trattato di un cattivo affare. La vendita di beni per 129 miliardi di euro ha fruttato ricavi per 57,8 miliardi, «con un rapporto ricavi-cessioni pari al 44,7 per cento».[3] E adesso Tremonti condanna in blocco tutta quella finanza spericolata a cui anche le sue cartolarizzazioni si ispiravano.

Braccia aperte ai capitali scappati

Il segno alla manovra 2002 lo dette lo «scudo fiscale», come con fantasia Tremonti l'aveva chiamato. Il provvedimento, varato il 25 settembre 2001, mirava a far rientrare i capitali esportati o accumulati illegalmente all'estero. I capitali potevano essere rimpatriati dietro pagamento di una modica tassa del 2,5 per cento e attraverso la mediazione di una banca italiana, che garantiva l'assoluto anonimato a chi compiva l'operazione: un «monumento all'evasore ignoto», lo definì il senatore Giampaolo Zancan dei Verdi. Anche altri Stati europei, dopo la creazione di un'unica area monetaria, sono ricorsi a simili provvedimenti di condono, ma a caro prezzo: da noi è bastato pagare il 2,5 per cento, in Germania serviva il 25 per cento.

Per giunta il governo Berlusconi 2 tentò di costruirci sopra la menzogna che i capitali legalizzati sarebbero andati tutti a beneficio dell'economia nazionale. Invece nella legge nulla impediva che quei soldi, e furono molti, tornassero all'estero una volta regolarizzati; secondo i dati dell'Ufficio italiano cambi, accadde così almeno per il 40 per cento. Lo si è visto bene nel marzo 2008, quando è stata scoperta la lista degli italiani che avevano portato i soldi nel Liechtenstein. Molti di loro si erano messi in regola con lo «scudo»: i soldi erano tornati lì, ben nascosti, senza che ai loro possessori si potesse più rimproverare nulla quanto a tasse non pagate o a normative valutarie infrante, perché tutto gli era stato condonato.

Secondo un sondaggio compiuto tra i suoi clienti da una banca specializzata, la Steinhauslin (gruppo Mps), si poteva prevedere che il 63 per cento delle somme regolarizzate sarebbe stato gestito dalle stesse banche tramite il servizio di *private banking* (specializzato nel compiere investimenti finanziari ovunque, all'estero quanto in Italia, in un regime di liberalizzazione dei capitali), il 20 per cento investito in immobili, mentre un altro 10 per cento sarebbe stato utilizzato dagli imprenditori come garanzia per affidamenti futuri e, infine, un 7-8 per cento sarebbe stato destinato al consumo, «in gran parte di beni di lusso, viaggi, auto di grossa cilindrata, pellicce, vestiti firmati, gioielli».[4] Altro che investimenti produttivi. Perfino un politico navigato come Paolo Cirino Pomicino, di idee affini al centrodestra, nel '91 fautore del grande condono, si dimostrò fortemente critico allora e lo è rimasto: «Lo scudo fiscale è stato il condono dei ricchi e dei capitali poco leciti». Si regolarizzarono 60 miliardi di euro, ovvero 115mila miliardi di lire, in mano soprattutto a residenti nelle regioni del Nord.

Il presidente della Repubblica Carlo Azeglio Ciampi prima di firmare il decreto-legge, alla fine di settembre, aveva sbarrato il passo a qualcosa di ancora più grave: i suoi consiglieri gli avevano indicato che un comma configurava una vera e propria amnistia dei reati penali, mentre le amnistie non si possono decidere per decreto. Il governo lo modificò. Le banche si misero all'opera, attratte dell'affare, e recuperarono molti patrimoni che erano usciti dall'Italia negli «anni di piombo», per paura o del Pci al potere o del terrorismo o dei frequentissimi sequestri di persona o, negli anni Novanta, per salvarsi da un possibile tracollo del paese. A consuntivo gli obiettivi di gettito furono superati: quasi un miliardo e mezzo di euro invece dei previsti 980 milioni.

La colpa è tutta degli altri, 2: Osama bin Laden

Il contraccolpo degli attentati dell'11 settembre 2001 fu superato dall'economia americana in un paio di mesi. Una lunga fase di crescita accelerata era già finita quando si era sgonfiata la bolla dei titoli tecnologici in Borsa, nella primavera del 2000; il terzo trimestre del 2001 ebbe un segno negativo; ma nel corso del 2002 tutti gli indici ricominciarono a puntare verso l'alto. Lo stesso Tremonti, nel marzo 2002, dichiarò che lo shock era stato assorbito; le previsioni del governo sulla crescita dell'economia italiana restarono alte. Solo più tardi, dato che i conti pubblici andavano peggio del previsto, il centrodestra tornò ad attribuirne la colpa agli attentati dell'11 settembre. Erano stati gli attentati a frenare la crescita dell'economia; e con un'economia in ristagno sarebbe stato controproducente sforzarsi a rimettere in equilibrio i conti pubblici.

Sembrava che le Torri gemelle fossero crollate a Milano, commentò il centrosinistra. Ma paradossalmente fu una vecchia ricetta della sinistra quella che Berlusconi e Tremonti seguirono: espandere la spesa per contrastare la crisi economica. Negli anni precedenti, il centrodestra aveva attribuito al centrosinistra tutta la colpa dei segni di declino che si manifestavano nell'economia italiana; e forse a questa propaganda i leader stessi avevano finito per credere. Si era sperato che, tolta la «cappa di piombo» di un governo di ideologi ostili agli affari, le forze vitali del capitalismo italiano si sarebbero subito manifestate. Non fu così; il declino continuava, con un calo netto della produzione industriale, caso isolato in un'Europa pure attraversata da molte difficoltà. E con un'industria in perdita di competitività, una politica di bilancio che metteva più soldi in tasca alla gente andava soprattutto a beneficio dei prodotti esteri.

Un economista non ostile a Tremonti, e convinto che l'eredità da lui ricevuta fosse pesante, Roberto Perotti della Bocconi, gli rimproverò «impreparazione e dilettantismo nella gestione della politica economica»: «Il primo Dpef del governo Berlusconi del luglio 2001, nonostante chiari segnali del rallentamento ciclico, prevedeva un tasso di crescita del 3,1 per cento ogni anno fino al 2006, grazie alle misure di politica economica che il governo avrebbe preso! Questa imbarazzante dimostrazione di incompetenza e di cieca credenza in teorie economiche semplicistiche e universalmente screditate potrebbe forse venire classificata benevolmente come una irresponsabile operazione di marketing, se non indicasse che il governo si fece cogliere largamente impreparato dagli eventi seguenti, sprecando mesi preziosi a inseguire fantasmi».[5]

La colpa è tutta degli altri, 3: l'euro

Un altro esempio della ricerca di capri espiatori è l'atteggiamento sull'euro e sui prezzi. Nei primi mesi dopo il cambio della moneta, Tremonti continuò a negare che l'euro avesse avuto un influsso significativo sul costo della vita; ancora lo ripeté il 30 maggio 2002.[6] Ma poiché la riduzione del potere d'acquisto, dovuta ai salari e agli stipendi che restavano fermi, rendeva gli italiani ipersensibili all'argomento, cambiò linea. Il successivo 24 agosto lanciò la proposta del biglietto di banca da un euro;[7] provò ad addossare la colpa a chi l'euro l'aveva voluto, ovvero a Prodi, non al governo, di cui faceva parte, che ne aveva sorvegliato l'introduzione. A quell'epoca risalgono gli attacchi a Ciampi, in cui Berlusconi sul rientro della lira nello Sme passò alla tesi assolutamente opposta a quella che aveva sostenuto sei anni prima. Nel 1996, per compiacere gli industriali, il leader di Forza Italia aveva sostenuto che il livello di cambio concordato da Ciampi, 990 lire per marco tedesco, metteva in difficoltà i nostri esportatori e si sarebbe dovuti andare oltre quota 1000. Nel 2002, al contrario, disse che per non far aumentare i prezzi si sarebbe dovuto stabilire un cambio di 1500 lire per euro, equivalenti a circa 750 per marco; cambio che gli altri paesi non avrebbero mai accettato, che sui mercati avrebbe resistito pochi minuti, e al quale non si sarebbe esportato più nemmeno uno spillo.

Nel 2002 tutta l'economia europea, in ritardo rispetto al boom tecnologico americano, attraversava una fase difficile. La crescita della Germania, guidata dal governo rosso-verde di Gerhard Schröder, era deludente quanto quella dell'Italia. «Non è il mestiere del governo fare il prodotto lordo», ha notato più tardi Tremonti,[8] affermazione ragionevolissima, di regola dimenticata quando al governo sono gli avversari politici e si rinfaccia a loro la bassa crescita. In quella fase, più o meno tutti i governi europei decisero di non preoccuparsi troppo del deficit (con gran dispetto della Banca centrale europea); che si rischiasse di violare il Patto di stabilità era nel conto. Il Portogallo sfondò per primo, già nel 2001. «Tutta la mia attività – racconta Tremonti – fu mirata a far andare in fuori gioco prima Germania e Francia», perché se l'Italia fosse stata la prima a trasgredire non sarebbe riuscita a sfuggire alle sanzioni, come non vi era sfuggito il piccolo Portogallo.

Sarebbero stati questi i due moventi principali della «finanza creativa» («in quel campo rifarei tutto quello che ho fatto», Tremonti sostiene), ossia degli espedienti contabili e delle misure *una tantum* che il governo Berlusconi 2 adottò per far quadrare i conti. Non si voleva imporre nuovi sacrifici al paese in un momento difficile, si voleva evitare di mettere l'Italia da sola sul banco degli imputati. Per questo motivo, nella tesi di Tremonti, sebbene dotato di una solida maggioranza il governo di centrodestra, nella fase iniziale della legislatura, evitò di sfruttare il proprio periodo di grazia per fare riforme necessarie ma impopolari. A distanza di alcuni anni, la Germania alla crescita ci è ritornata perché, nel giudizio di organizzazioni internazionali come il Fmi e l'Ocse, almeno alcune delle riforme necessarie le ha compiute, prima sotto Schröder, poi sotto la grande coalizione guidata dalla cristiano-democratica Angela Merkel. Tremonti stesso nel 2008 ha scelto la linea del rigore.

Si parla di rigore, arrivano gli sgravi fiscali

Per rabbonire i ministri che litigavano sul testo della finanziaria 2003, Berlusconi fece comparire nella sala di palazzo Chigi un grande vassoio di babà. Accusato dagli avversari di voler ridurre le tasse ai ricchi, il centrodestra per il momento prendeva la strada opposta, ridurle ai redditi più bassi, per un totale di 5,5 miliardi di euro. Sopra i 33.500 euro all'anno l'Irpef si sarebbe invece appesantita, notò Fazio, che la scelta a favore dei redditi bassi la approvava, perché «sono quelli che hanno sofferto di più» dei rincari collegati all'euro.[9] Protestava la Confindustria, perché erano state tagliate alcune agevolazioni alle imprese; Antonio D'Amato giudicò quella Legge finanziaria «una delle peggiori mai scritte».

Secondo il presidente del Consiglio la nuova Legge finanziaria, fatta «per la gente», «non mette le mani nelle tasche degli elettori, ma ci lascia più soldi, in modo che si possa consumare di più». Commentava il «Corriere della Sera»: «Cosa c'entri tutto questo col rigore non è chiaro, così come non è chiaro in che modo l'esecutivo potrà conseguire risparmi di spesa».[10] C'entrava piuttosto, quella scelta, con il recupero di energie del centrosinistra, segnalato dalla grande manifestazione dei «girotondi» a Roma il 14 settembre 2002. C'entrava, anche, con il «Patto per l'Italia» che il 5 luglio Cisl e Uil avevano firmato, dividendosi dalla Cgil. Dall'Olanda, dove la diffidenza verso gli italiani restava alta, il governatore della Banca centrale Nout Wellink disse di non capire come mai «la Commissione europea non intenda agire nei confronti dei conti pubblici dell'Italia», perché non si sarebbe dovuto permettere a un paese ad alto debito di avvicinarsi a un deficit del 3 per cento.

Nel disegno di Legge finanziaria 2003 un ampio gettito, 5,8 miliardi di euro, era attribuito al concordato fiscale. Tanto ampio, che subito si creò l'attesa (attribuita allo stesso Tremonti, il quale smentì) che le Camere l'avrebbero trasformato in un vero e proprio condono «tombale», ossia esteso agli eventuali reati. I parlamentari di Forza Italia che si mossero per primi dissero che così il gettito sarebbe arrivato a 10 miliardi. Marco Follini, allora segretario dell'Udc, tentò di opporsi. La missione del Fondo monetario, tornata in Italia in ottobre, pure sconsigliò. Niente da fare: in Parlamento si decise un condono tombale. «Non piace a nessuno ricorrere a questi sistemi – si giustificò Berlusconi – ma il condono è finalizzato alla riduzione delle aliquote prevista per il 2003». Si capì che la decisione di concedere il condono fiscale era già scontata da settembre; si era atteso ad annunciarla per timore che i contribuenti riducessero i versamenti dell'autotassazione di novembre. Nel luglio 2008, quel condono ha ricevuto la condanna della Corte di Giustizia europea.

La stagione del «condonismo»

Nel centrodestra c'era chi voleva condonare le multe ai videopoker illeciti come quelle per il divieto di sosta, quelle per l'affissione abusiva di manifesti elettorali, quelle ai funzionari pubblici condannati per danni allo Stato. Qual era lo scopo? «Ricostruire un clima di serenità tra lo Stato e i cittadini», sosteneva Antonio Azzollini (Forza Italia), presidente della commissione bilancio del Senato, allora come di nuovo nel 2008. Durante la sessione parlamentare di bilancio il numero degli emendamenti segnò un nuovo record. Più volte il governo ricorse a maxiemendamenti per risolvere i contrasti, anche se non ebbe bisogno del voto di fiducia al termine del percorso. Fini, incaricato da Berlusconi di riportare la disciplina, contò richieste per un miliardo di euro, a fronte di un massimo di 250 milioni reso disponibile dal governo.[11] «Abbiamo vinto le elezioni perché abbiamo promesso a tutti che sarebbero stati più ricchi. Naturalmente così non è, e ogni promessa delusa ci torna indietro centuplicata»[12] commentò, scoraggiato, un vecchio nemico degli sprechi come Raffaele Costa, ex liberale passato in Forza Italia.

Gli articoli della finanziaria per il 2003 raddoppiarono, dai 46 iniziali a 95; anche stavolta si era inserito un rincaro delle sigarette. Nelle 68mila parole, oltre il 60 per cento più dell'anno prima, come al solito si trovava di tutto, da 20 milioni di euro per il Pronto soccorso del Policlinico di Pavia (città dove Tremonti risiedeva) a due milioni «per fronteggiare la crisi occupazionale» nel Parco nazionale d'Abruzzo; si precisava che tra le «calamità naturali», oggetto degli interventi di una certa legge, «si intendevano incluse anche le ceneri vulcaniche»; non mancavano ulteriori norme sul terremoto del 1980, a 22 anni di distanza; si stabiliva che la sorveglianza del Parco nazionale del Gran Paradiso era affidata alle guardie dell'Ente parco. Si riduceva la tassazione delle scommesse sui cavalli. Non passò quella volta la «pornotassa» con cui alcuni deputati volevano colpire stampa e tv pornografiche; si disse per le pressioni delle emittenti televisive Telepiù e Stream.

Nell'ultima fase, per contrastare quello che i giornali avevano battezzato «condonismo», intervenne in modo non ufficiale il presidente della Repubblica. Ciampi fece presente al Senato che condonare tutti i reati commessi «per eseguire e occultare i reati tributari» rischiava di sanare, all'estremo, perfino l'assassinio di un agente della Guardia di Finanza. Cambiando il testo si specificò che si trattava solo di reati tributari, e che non erano compresi corruzione e riciclaggio; l'aver dichiarato il falso per occultare il proprio reddito, invece, non sarebbe stato punibile. L'opposizione sosteneva che si era arrivati a 12, 13 o addirittura 15 diversi condoni, tra cui quello relativo alle multe sulle affissioni elettorali abusive, e per il mancato pagamento del canone Rai. Tremonti si difese sostenendo che i condoni veri e propri erano solo due; Berlusconi dichiarò di avere in mano sondaggi secondo i quali ai condoni, che «fanno parte della nostra storia», era «favorevole il 60 per cento degli italiani».

Salvare Francia e Germania, perché ci aiutino poi

Per tutto il 2003 Tremonti insisté sul mal comune mezzo gaudio: l'economia italiana cresceva poco ma tutto il continente era in difficoltà, i conti pubblici andavano male ma quelli di Germania e Francia andavano peggio. Con astuzia il ministro dell'economia cercò di approfittare del semestre di presidenza italiana dell'Europa. Toccava a lui guidare l'Ecofin, il Consiglio dei ministri economici; e l'Ecofin doveva giudicare le trasgressioni di Germania e Francia che avevano entrambe superato, nel 2002, il 3 per cento di deficit. Il 25 novembre 2003 l'Ecofin mise in minoranza la Commissione europea, decidendo di sospendere le «raccomandazioni» a Germania e Francia. Avevano votato per applicare il Patto di stabilità solo Spagna, Olanda, Finlandia, Austria. La Bce, guardiana del rigore, fece subito sapere di non essere d'accordo.

L'Italia guadagnava crediti a Parigi e a Berlino, sperando di ottenere indulgenza quando avrebbe violato a sua volta il Patto di stabilità. Tuttavia, in Parlamento l'esame del disegno di

Legge finanziaria 2004 non divenne più facile. Tremonti, non potendo vantare grandi progetti, l'aveva definita «una manovra di galleggiamento». Da subito, il 29 settembre, il Consiglio dei ministri lo aveva autorizzato a chiedere la fiducia se fosse stato necessario. Tremonti si vanta di aver scelto questo modo di procedere, di fronte alle regole che lasciano troppo potere al Parlamento.[13] La maggioranza del centrodestra, fortissima sulla carta, era divenuta ingovernabile. A un nuovo condono edilizio, messo in conto per 3,1 miliardi, si erano piegati anche i ministri che vi si erano opposti l'anno prima. Ancora una volta, il capitolo più grosso fra le entrate sarebbe stato rappresentato dalle cartolarizzazioni di immobili.[14]

Nel Consiglio dei ministri che aveva varato la manovra, non era mancato uno scontro tra Fini e Tremonti. «Non intendo recedere dalla mia richiesta, Giulio»; «La penso diversamente, Gianfranco. Altrimenti posso anche togliere il disturbo», era stato lo scambio di battute ricostruito dal «Corriere della Sera»;[15] «Almeno un problema nel governo sarebbe risolto», aveva ribattuto il vicepresidente del Consiglio e leader di An. Un altro membro del governo che si era spesso scontrato con Tremonti, il ministro delle Attività produttive Antonio Marzano, contava già a 14 le minacce di dimissioni di Tremonti, sempre respinte da Berlusconi. Nella ricerca di maggiori entrate, il condono fiscale dell'anno prima veniva esteso ai redditi del 2002, con la speranza di incassare un altro miliardo e mezzo di euro. «Il Sole 24 Ore» ne concluse: «Chi paga le tasse si sentirà ancora più mortificato; chi non le paga si sentirà ancora più legittimato a non farlo».[16] Alla fine, per consolidare le file di una maggioranza ormai indisciplinata, furono necessari ben cinque voti di fiducia. Una promozione in massa dei funzionari della Ragioneria dello Stato faceva sospettare quella che la tradizione dotta chiama *captatio benevolentiae*.[17]

Un avvertimento preso a male parole

L'allarme, in Europa, scattò all'inizio del 2004. Nel 2003 Germania e Francia avevano di nuovo violato la soglia del 3 per cento di deficit, per il secondo anno consecutivo e in misura più grave, dopo che la presidenza di turno italiana gli aveva garantito l'indulgenza. Si sospettava ora che l'Italia le seguisse sulla stessa strada. Già a fine gennaio il commissario europeo agli Affari monetari, Pedro Solbes, definì «poco credibile» il «Programma di stabilità» dell'Italia (il documento da inviare ogni anno per spiegare come si intendeva rispettare il Patto di stabilità). Secondo i dati allora disponibili, nel 2003 l'Italia non aveva violato le regole: l'«indebitamento netto» comunicato dall'Istat il 1° marzo era al 2,4 per cento del prodotto interno lordo. Dalle successive revisioni, invece, emerse che le aveva violate e non di poco: le attuali serie storiche indicano il 3,5 per cento per quell'anno.[18]

La manovra 2004, senza nessun taglio di spesa, con il gettito affidato unicamente ai condoni e alle cartolarizzazioni, non sembrava in grado di raggiungere i suoi obiettivi; in segreto, i tecnici di Bruxelles calcolarono che presumibilmente li avrebbe mancati di circa 14 miliardi di euro, cosicché alla fine dell'anno il deficit si sarebbe collocato al 3,2 per cento del prodotto lordo. Non era un pesce d'aprile, dunque, l'indiscrezione del primo di quel mese che un *early warning* all'Italia era in preparazione. Tremonti in realtà ne era stato avvertito già il 24 marzo,[19] ma confidava che Germania e Francia avrebbero restituito il favore, bocciandone l'invio nella riunione dell'Ecofin che avrebbe dovuto discuterlo. Non fu così. La reazione pubblica del centrodestra italiano fu insofferente ai limiti della volgarità: si cercò di buttarla in politica, accusando di ostilità preconcetta la Commissione europea guidata da Prodi. «Non mi interessa quello che dice Prodi; l'unico avviso che c'è è quello di un rompimento da parte mia», dichiarò Berlusconi.

Il 28 aprile la procedura della Commissione europea contro l'Italia fu formalizzata. Si chiedeva di correggere le tendenze del deficit con una manovra di almeno 7 miliardi di euro, e composta, finalmente, da misure durature e non da *una tantum*. Era la stessa cifra che, all'opposto, Berlusconi prometteva di distribuire nel 2005 in sgravi fiscali. Solbes, divenuto numero due del nuovo governo Zapatero, era stato intanto sostituito agli Affari monetari da Joaquín Almunia, socialista e spagnolo come lui. La riunione dell'Ecofin dell'11 maggio, un po' perché erano imminenti le elezioni del Parlamento europeo il 13 giugno, un po' per la confusione portata dall'allargamento da 15 a 25 membri, rinviò la questione italiana a luglio. Intanto Gianfranco Fini aveva mosso un'altra offensiva contro Tremonti, ma non era riuscito a strappare a Berlusconi ciò che aveva chiesto, una delega al coordinamento della politica economica.

«Giulio, tu non capisci niente di politica»

Nel voto per il Parlamento di Strasburgo, il 13 giugno 2004, a calare fu Forza Italia, mentre An e Udc andarono abbastanza bene. I contrasti nella maggioranza si inasprirono. Fini e il segretario dell'Udc, Marco Follini, andarono all'attacco contro Berlusconi, chiedendo «un cambio di passo» del governo, dal quale erano pronti a uscire. Il 30 giugno un documento di Alleanza nazionale, dovuto soprattutto al viceministro dell'Economia Mario Baldassarri, accusava Tremonti di aver gestito male i conti pubblici. Il peggioramento del deficit che l'Europa rilevava era dovuto, secondo An, «al non realizzarsi pienamente delle stime sui provvedimenti di entrate straordinarie (condono edilizio e concordato preventivo) e a una eccessiva dinamica della spesa per acquisti di beni e servizi della pubblica amministrazione»; risultava dunque «inadeguata» la strategia del ministro.

Alla vigilia del Consiglio dei ministri che avrebbe dovuto discutere la manovra-bis chiesta dall'Europa, Tremonti fu costretto a dimettersi, anche perché la bozza con le misure (che non era stata nemmeno scritta da lui) a Fini non era piaciuta affatto. Era la notte tra il 2 e il 3 luglio; nel vertice della maggioranza svoltosi a palazzo Grazioli, durato fino alle due, la Lega Nord aveva difeso il ministro dell'Economia, ma non fino al punto di accettare la caduta del governo. «Solo chi non capisce niente di economia può accusarmi di aver portato cifre false», aveva gridato Tremonti, nella ricostruzione fatta dai giornali; «Se io non capisco niente di economia tu non capisci un c... di politica», aveva ribattuto Fini,[20] oppure, «né di politica né di rapporti umani», secondo un'altra versione ancor più gustosa.[21]

Per carattere, dissero i suoi critici, Tremonti – un ex timido divenuto aggressivo, compiaciuto nell'esercitare il potere – spesso non si rendeva conto che talvolta anche in politica si ottiene di più con le buone maniere che con le cattive. Al pubblico televisivo piacevano le sue battute maligne contro gli avversari; ma altri ministri non gli perdonavano che ne inventasse di continuo anche contro di loro. Alleanza nazionale non sarebbe riuscita a farlo cadere se non si fosse fatto molti nemici anche dentro Forza Italia. Nel merito, l'incrociarsi delle accuse mescolava elementi contraddittori: Tremonti accusava An di volere la spesa facile senza curarsi del bilancio, eppure insisteva per gli sgravi fiscali; An rinfacciava a lui di falsare i conti ma anche di non saper capire che cosa paga in termini elettorali e che cosa no. Da entrambe le parti, quale fosse l'alternativa alla «finanza creativa» non era chiaro.

Berlusconi assunse l'interim dell'Economia, e andò lui alla riunione dell'Ecofin a Bruxelles. Ai ministri degli altri 24 paesi dell'Unione, in un inglese approssimativo, raccontò anche una barzelletta stranota in Italia, quella del saggio della montagna e delle sue previsioni sull'inverno;[22] ma gli impegni che prese per una manovra-bis di 7,5 miliardi di euro furono ritenuti sufficienti. In Parlamento, intanto, veniva approvata l'unica delle riforme strutturali richieste dall'Europa: la legge sulla previdenza che poi prese il nome dal ministro del Lavoro Roberto Maroni. Si stabiliva, dal 2008, il minimo di età a 60 anni per la pensione di anzianità. Quell'effetto ritardato di tre anni e mezzo non era uno scaricabarile su chi avrebbe governato dopo? Tremonti lo giustifica così: «Non fu una scelta cinica. Occorreva dare tempo alle persone per riorganizzare il loro progetto di vita».[23]

Al posto dell'antipatico, l'amico di tutti

Dopo le dimissioni di Tremonti, Berlusconi aveva offerto l'incarico di ministro dell'Economia al commissario europeo Mario Monti, che (prevedibilmente) con cortesia rifiutò. Sotto la spinta di Ciampi a far presto, si seppe poi che un'offerta era stata fatta anche ad Antonio Fazio;[24] in capo a due settimane il presidente del Consiglio si persuase a promuovere ministro il direttore generale del Tesoro Domenico Siniscalco. Benché alla direzione generale del Tesoro lo avesse portato Tremonti, era apprezzato per un carattere molto diverso: «È amico di mezza Italia e dà del tu all'altra metà», era una battuta che circolava su di lui. Conservava buoni rapporti con l'opposizione, non trattava male i giornalisti. Privo di ambizioni politiche, si mise a disposizione del governo come tecnico: «Alle scelte penseranno i politici – disse ai suoi collaboratori – noi dovremo trovare le soluzioni».[25] Era diverso lo stile che adottò, «tagliare i problemi a fette, e affrontarli l'uno dopo l'altro».[26]

Siniscalco avrebbe preferito puntare su uno sgravio all'Irap, in sintonia con la Confindustria; ma Berlusconi non intendeva rinunciare alle sue promesse sull'Irpef. Il suo Dpef 2005-2008 era il più corto degli ultimi anni e conteneva previsioni più realistiche, sia sulle spese sia sulla crescita economica. Occorreva per il 2005 una manovra di 24 miliardi di euro netti, se si voleva mantenere il deficit sotto il limite del 3 per cento; 17 miliardi sarebbero stati «strutturali» o per meglio dire duraturi, senza però tagliare «scuola, sanità, sicurezza e servizi sociali», mentre 7 sarebbero venuti da misure *una tantum*. Comparivano impegni a una rapida «liberalizzazione delle professioni» e a una «privatizzazione dei servizi pubblici locali», che non furono rispettati.

Per frenare la spesa pubblica, Siniscalco escogitò la regola del 2 per cento di aumento massimo da applicare a ogni capitolo di spesa. Si rifaceva all'esperienza del governo laburista britannico, sulla quale andò a Londra a farsi aggiornare dal collega Gordon Brown. Per essere precisi, *golden rule*, «regola aurea», per gli economisti vuol dire che le spese in deficit sono permesse solo a scopo di investimento. Sui giornali italiani *golden rule* diventò sinonimo di tetto del 2 per cento, dal quale peraltro numerosi capitoli di spesa erano esentati: pensioni, spesa sociale, ovviamente gli interessi sul debito, gli organi costituzionali, gli impegni internazionali.[27] Il tetto del 2 per cento, notò l'economista Francesco Giavazzi, veniva imposto «dopo un biennio in cui la spesa pubblica era cresciuta del 5 per cento l'anno, il doppio dell'inflazione»;[28] c'erano molti motivi per prevedere che nel 2005 i conti non sarebbero tornati (come poi avvenne).

Paghiamo un pedaggio, ma per finta

Un trucco che Siniscalco tentò, per migliorare i conti, fu di convincere Eurostat a classificare l'Anas fuori dal settore statale. Così il suo deficit[29] sarebbe scomparso con un tratto di penna. Si sarebbe dovuto dimostrare che era un'azienda capace di sostenersi sul mercato, con almeno la metà di entrate proprie. Quali entrate? Visto che l'Anas gestisce strade, non potevano essere che pedaggi. A Roma si diffuse la voce che sarebbe stato imposto il pedaggio sul Raccordo anulare,[30] usato tutte le mattine da decine di migliaia di persone per andare al lavoro. Il ministero dell'Economia precisò che si sarebbe trattato di un «pedaggio ombra» pagato dallo Stato, svelando il trucco contabile. La Banca d'Italia criticò: si trattava di trasferire parte delle strade statali «a un soggetto esterno alle amministrazioni pubbliche, ancorché sotto il controllo dello Stato», al quale sarebbe stato pagato «un canone di utilizzo».[31] Le difficoltà tecniche erano grandi, e l'Anas restò com'era.

La pagina della «finanza creativa» non era stata affatto chiusa con le dimissioni di Tremonti. Un altro espediente riguardava gli edifici pubblici. Fazio disse che gli pareva discutibile vendere «immobili necessari per il funzionamento delle amministrazioni pubbliche», perché poi si sarebbe dovuto pagare un affitto con «oneri sui bilanci futuri» (girò la voce, poi smentita, che si pensasse di vendere perfino palazzo Chigi, sede della presidenza del Consiglio). Vendere per poi pagare l'affitto aveva lo stesso effetto che contrarre un debito, ma non veniva conteggiato come debito. L'esperienza successiva dimostrò che, per giunta, era spesso più costoso: rispetto al prezzo di vendita, l'affitto era più alto di quanto sarebbe stato l'interesse su una somma presa a prestito.[32]

Quando i deputati cominciarono a esaminare il disegno di Legge finanziaria, si trovarono tra le mani un documento di ben 170 pagine del Servizio bilancio della Camera, pieno di rilievi e di richieste di chiarimento. Intanto, fra i partiti della maggioranza si discuteva come aggiungere gli sgravi fiscali, ovvero la nuova Irpef, «secondo modulo» della riforma. Alleanza nazionale ammonì che ridurre l'aliquota massima dell'imposta, come Berlusconi voleva, avrebbe giovato soprattutto ai ricchi, e non sarebbe stata una mossa intelligente per recuperare consenso. Il tiro alla fune durò settimane. Il presidente del Consiglio sosteneva che era meglio far pagare meno tasse ai ricchi, perché sono quelli che investono, riecheggiando le mode americane degli anni Ottanta; il vicepresidente Fini, consigliato da Mario Baldassarri, che negli Stati Uniti aveva fatto studi economici seri, ribatteva che per rilanciare l'economia era meglio ridurre le tasse ai redditi bassi, perché è probabile che spendano subito il di più in consumi.

A un ministro tecnico non dà retta nessuno

Per tassare meno le famiglie, si potevano tassare di più le rendite finanziarie: Siniscalco ritirò fuori l'«armonizzazione delle aliquote» sui redditi da capitale. Si trattava di alzare la tassazione su titoli di Stato e obbligazioni, che era al 12,5 per cento, e contemporaneamente ridurre quella sugli interessi dei depositi bancari, che era al 27 per cento. Era la stessa misura che Berlusconi nella campagna elettorale del 2006 ha accusato i suoi avversari di voler prendere, gridando all'esproprio; e che è tornato ad agitare come spauracchio nella campagna elettorale del

2008, visto che il governo Prodi 2 aveva soprasseduto. Nell'autunno del 2004 ne discusse animatamente il centrodestra; si era arrivati a un passo dal deciderla. Siniscalco stava già studiando l'aliquota unificata, tra il 18 per cento e il 21 per cento.[33] Alleanza nazionale era favorevole, anzi la reclamava; l'Udc disse di sì; una parte almeno di Forza Italia era disponibile. Fu il no personale di Berlusconi a fermare tutto.

Il risultato fu che l'operazione sull'Irpef si fece, ma con una copertura finanziaria dubbia. Nei due mesi che occorsero per decidere, fino al 29 novembre, era tramontato il tentativo di Siniscalco di risanare i conti pubblici entro l'anno successivo. Per il 2005 le risorse necessarie sarebbero state trovate con altre di quelle misure *una tantum* che il ministro dell'Economia aveva espresso il proposito di sostituire. Diversi ministri si erano ribellati contro nuovi tagli di spesa. Solo alla fine di novembre il governo maturò una scelta, vicina alle tesi di Berlusconi. L'Irpef era riorganizzata in quattro aliquote. O meglio, per non smentire la promessa di Berlusconi di tre sole aliquote, la tesi ufficiale era che le aliquote si riducevano a tre, 23 per cento, 33 per cento e 39 per cento, più un «contributo di solidarietà» del 4 per cento a carico dei redditi più alti, che ovviamente equivaleva a una aliquota del 43 per cento. Invano la missione del Fondo monetario avvertì che con quegli sgravi il deficit avrebbe superato la soglia del 3 per cento.

Cgil, Cisl e Uil indissero, per il 30 novembre, uno sciopero generale contro la Legge finanziaria che «riduce le tasse ai ricchi».[34] Il centrosinistra invece rinunciò a una protesta di piazza. Già all'inizio di dicembre fu chiaro che per approvare la Legge finanziaria sarebbe occorsa la fiducia. Che a reggere il Tesoro ci fosse un ministro tecnico, senza un partito dietro, eccitava gli appetiti delle clientele. Per aggiungere nuove spese, 1,8 miliardi in tutto, entrarono nuovi aggravi fiscali per 1,1 miliardi di euro, bolli, tasse di concessione, imposte di registro. Invece scomparve una misura contro l'evasione fiscale, il ripristino dell'elenco clienti e fornitori, che Siniscalco aveva inserito su richiesta dell'Agenzia delle Entrate. Allo scopo di non irritare la Ragioneria dello Stato, il maxiemendamento finale cancellò l'Alta Commissione sulla spesa pubblica chiesta da Fazio; era stata inserita dal Senato, dove gli amici del governatore erano numerosi, con l'aiuto dell'opposizione.

L'arbitro fischia il fuorigioco

Nei due mesi iniziali del 2005 il centrodestra fece ogni sforzo per sostenere che tutto andava bene, con l'occhio alle prossime elezioni regionali. La Banca d'Italia taceva, perché Fazio voleva tenersi buono Berlusconi mentre si decidevano le sorti delle banche. Il 1° marzo i dati dell'Istat mostrarono che nel 2004 il deficit pubblico nella versione europea dell'«indebitamento netto» aveva raggiunto il 3 per cento del prodotto lordo italiano; sembrò che Siniscalco se la fosse cavata per un soffio, perché le sanzioni sarebbero scattate con il 3,1 per cento. Ma intanto i tecnici di Bruxelles incaricati di esaminare la manovra 2005 ne scoprivano tutte le debolezze. Il Tesoro non rispondeva: non volle pubblicare la sua Relazione di cassa, con le previsioni aggiornate sui conti dell'anno, prima del voto del 3 e 4 aprile. Siniscalco confidava nella modifica delle norme di attuazione del Patto di stabilità europeo; l'accordo raggiunto il 22 marzo, annunciato con visi raggianti dalla delegazione italiana, prevedeva una maggiore tolleranza sui deficit, fino a un massimo del 3,5 per cento, però scoraggiava l'uso delle *una tantum*.

Appena chiuse le urne, lo stesso 4 aprile, la nuova previsione della Commissione europea collocava però il deficit italiano del 2005 al 3,6 per cento, e quello dell'anno successivo addirittura al 4,6 per cento. Siniscalco, nonostante lo sforzo di trasparenza compiuto all'inizio, non era riuscito a riportare in regola i conti. Le misure per frenare la crescita delle spese erano state annullate dalla scelta di Berlusconi di abbassare le tasse. Con dispetto della Banca centrale europea, il nuovo Patto offriva sul deficit un margine di tolleranza allargato al 3,5 per cento; ma l'Italia si trovava al di là anche di quello, in compagnia di Portogallo e Grecia. Nelle stesse ore il conteggio dei voti delle elezioni regionali rivelava per la Casa delle libertà una sconfitta più ampia di quanto avessero fatto attendere i sondaggi di opinione, perfino in Puglia, dove prevaleva un candidato del centrosinistra che si era dichiarato comunista e gay. Il governo Berlusconi 2 entrò in crisi.

A distanza di poco più di una settimana, il 12 aprile, il commissario europeo Almunia annunciava che contro l'Italia sarebbe stata aperta una procedura di infrazione. Siniscalco, per essere confermato al ministero dell'Economia nel governo Berlusconi 3, dichiarò una «scelta di campo a favore del centrodestra», che lo si accusava di non avere ancora compiuto. Berlusconi preferì confermarlo anche per evitare che un cambiamento di ministro tirasse l'altro e il pasticcio si facesse troppo complicato. Ma rientrava in squadra Tremonti, come vicepresidente del Consiglio. Soltanto il 29 aprile, dopo la fiducia al nuovo governo, arrivò la relazione del Tesoro, non del tutto reticente grazie agli sforzi del ragioniere generale Vittorio Grilli. Il deficit del 2005 avrebbe potuto collocarsi tra il 2,9 per cento e il 3,5 per cento: si riconosceva il rischio di sforare, però, guarda caso, giusto giusto entro la nuova soglia di tolleranza del 3,5 per cento. Riscontrate a Bruxelles, le ipotesi più favorevoli risultarono infondate.[35]

La Padania rivuole indietro la lira

L'Europa si preoccupava anche per la campagna per il ritorno alla lira, lanciata da alcuni esponenti della Lega Nord. A una Festa Padana presso Mantova, in giugno, i prezzi sul menù del ristorante erano scritti in lire.[36] Il «Financial Times» pubblicò un articolo di fantapolitica in cui si immaginava l'Italia del 2030, 25 anni dopo l'uscita dall'euro: guidata per diritto ereditario da Piersilvio Berlusconi, con un'inflazione al 400 per cento annuo, alleata dello Zimbabwe e della Corea del Nord, intenta a vendere il Colosseo con una operazione di «finanza creativa» tipo Parmalat.[37] Sempre in Gran Bretagna, economisti euroscettici della banca Hsbc sostennero che non era impossibile tornare alla lira senza disastri. Ma si capì che per cambiare di nuovo moneta sarebbe occorso cogliere alla sprovvista gli italiani, con un blocco dei conti in banca[38] simile a quello attuato in Argentina. Non ci sarebbe stato altro modo di evitare che, per prudenza, molti decidessero di mantenere in euro i loro risparmi, trasportandoli in altri paesi.

Due anni di tempo per ricondurre il deficit entro la soglia del 3 per cento: questo fu il verdetto dell'Ecofin, il 12 luglio 2005. Non fu indulgente, ma prima delle nuove regole sarebbe stato peggio. Due anni invece di uno, come le nuove norme di attuazione del Patto permettevano, per l'Italia significava che i conti si sarebbero fatti dopo le elezioni politiche. Anche così, la Casa delle libertà scopriva di essersi messa nei guai da sola, rinviando i problemi di anno in anno per poi trovarsi a mal partito proprio a ridosso del rinnovo delle Camere, e con le divisioni interne inasprite dalla sconfitta nelle Regioni. Il governo era ora costretto a discutere di aumenti delle tasse. Secondo la Banca d'Italia il tetto del 2 per cento alle spese non aveva funzionato affatto.[39] Berlusconi intanto si dava da fare per negare le difficoltà dell'economia: «L'Italia vive nel benessere, lo dimostrano le autostrade sempre piene e le tante auto di lusso che si vedono in giro».[40]

Smascherato Fazio dalle intercettazioni telefoniche dell'estate 2005, Siniscalco chiese a Berlusconi di scegliere: o io o lui. Berlusconi scelse Fazio, per poi subito rinominare all'Economia Tremonti, l'arcinemico di Fazio. Nella storia dei governi italiani non si era mai cambiato il ministro in via XX settembre a una settimana soltanto dalla presentazione del disegno di Legge finanziaria. Tremonti fece trapelare dispetto perché il lavoro era ancora molto indietro. I suoi collaboratori fecero arrivare ai giornali quella che probabilmente era una sua battuta: le dimissioni di Siniscalco somigliavano «al cliente di un ristorante che esce con la scusa di fumare una sigaretta ma poi se ne va senza pagare il conto».[41] Forse Siniscalco, sfinito dalle pressioni politiche, già da qualche settimana stava pensando di dimettersi. Una manovra economica in clima pre-elettorale, per una coalizione che temeva di perdere il potere, non era lavoro adatto per un tecnico.

Torna Tremonti, e dà la colpa alla Cina

Tremonti aveva sviluppato un'idea che aveva cominciato a esporre nel 2003: la colpa dei mali dell'Italia andava attribuita all'euro e alla concorrenza cinese.[42] Mai come in quell'autunno una manovra economica fu corretta strada facendo, dallo stesso governo. All'inizio, Tremonti aveva dovuto lavorare in fretta sulla bozza lasciatagli da Siniscalco, che gli parve carente. Più in là fu la Commissione europea a imporre aggiunte per rendere più efficaci gli interventi, dato che l'Italia si trovava sotto procedura di infrazione. Berlusconi fu costretto a una manovra correttiva sul 2005, che nelle settimane precedenti aveva smentito fino alla noia. Ovviamente si cercò di sminuirla: «una aggiustatina ai conti», un «mini-intervento»: 1,9 miliardi appena.[43] «Non mettiamo le mani nelle tasche dei cittadini», ripeté ancora una volta il presidente del Consiglio.

Il tentativo di Siniscalco di frenare la spesa pubblica si era risolto in un completo insuccesso. Secondo dati citati da Fazio, il risultato della regola del 2 per cento era un aumento del 3,8 per cento dei «consumi intermedi» dello Stato, la voce sulla quale maggiormente si sarebbe dovuto influire.[44] Severo sul passato, Fazio diveniva conciliante sul futuro, forse per non irritare la maggioranza in un momento in cui la sua poltrona era in pericolo. Qualche settimana dopo, il Fondo monetario internazionale pronunciò un giudizio severissimo su tutti gli ultimi anni di governo: «Il vantaggio dei più bassi tassi di interesse sul debito pubblico dopo l'ingresso nell'euro è andato sprecato, perché è stato usato per finanziare aumenti delle spese». Altro che scaricare la colpa sulla Cina: «I problemi dell'Italia sono essenzialmente *made in Italy*».[45]

In partenza, la manovra per il 2006 prevedeva una riduzione netta del deficit secondo i criteri europei («indebitamento netto») di 11,5 miliardi di euro. Si sosteneva che questo sarebbe bastato per rispettare gli impegni imposti dall'Ecofin.[46] Uno sgravio alle imprese sul costo del lavoro era finanziato da aggravi fiscali a loro carico, permanenti quelli su banche, assicurazioni, settore energetico (un pallino di Tremonti, replicato nel 2008), temporanei altri. C'era una norma per sciogliere gli enti inutili, ma intanto si creavano enti nuovi. L'economista Riccardo Faini notò che nella stessa finanziaria nascevano «il Fondo per le vittime delle frodi finanziarie, quello per le adozioni internazionali e per il contrasto dello sfruttamento sessuale e dell'abuso sessuale dei minori, la Banca per il Sud, la Fondazione per la responsabilità sociale di impresa, l'Agenzia per la diffusione delle tecnologie per l'innovazione».[47] Erano i *pet projects*, come si dice in inglese, di alcuni ministri: novità da esibire agli elettori, veicoli per promesse di spesa a favore di questo o quel gruppo di interesse.

Tra Vaticano e pornotassa

Al termine del percorso parlamentare, fatto insolito, la manovra era diventata più energica. Non ne andava certo merito a deputati e senatori, come sempre a caccia di entrate il meno impopolari possibile per finanziare nuove spese. Era stato il governo a cambiare rotta, sotto le pressioni della Commissione europea, con due successive correzioni, in novembre e all'inizio di dicembre.[48] Con la procedura di infrazione in corso, l'Italia per la politica di bilancio si trovava in sovranità limitata. Però, una parte delle misure aggiuntive si rivelò immaginaria. I maggiori tagli alle spese, fra l'altro, sottraevano ad Anas e Fs risorse indispensabili.

Comparve anche la «pornotassa», su produzione, vendita e rappresentazione di materiale pornografico o violento, con un incasso previsto di 160 milioni. Tremonti era contrario a istituire nuovi tributi; questo, che i suoi fautori avevano già proposto invano tre anni prima, lo faceva sorridere. Era convinto che non avrebbe fruttato introiti significativi, e aveva ragione; ma alla fine lo accettò. Comparve anche l'esenzione dall'Ici estesa non soltanto alle chiese ma a tutti gli edifici religiosi, tra le proteste dei Comuni, anche di centrodestra, come Assisi, Loreto, San Giovanni Rotondo, che temevano forti cali del gettito. Il Vaticano sperava di risparmiare fino a un miliardo di euro.[49] Gli «aiuti alle famiglie» si ridussero a 800 milioni di euro, da 1,2 miliardi, perché occorreva finanziare spese varie, compresi i sussidi per gli autotrasportatori. Si decise di versare mille euro a ciascun nuovo nato o adottato, nel 2005, e per ciascun nuovo nato non primogenito, nel 2006, il «*bonus* bebè»; con disappunto, il centrodestra si accorse che non sarebbe stato versato prima delle elezioni.

Il testo della Legge finanziaria, finalmente approvato prima di Natale, constava di un unico articolo in 612 commi. Le 60.400 parole salvo le tabelle erano un po' meno di quelle della finanziaria 2003 della stessa maggioranza di centrodestra, ma ben lontane dal record del 2001. «Credo che almeno il merito di non aver fatto una finanziaria elettorale ci debba essere riconosciuto», dichiarò Silvio Berlusconi; si era dovuto impegnare lui stesso, disse, per frenare l'assalto dei ministri di spesa contro Tremonti. Alla fine di novembre, agli uffici di Bruxelles la manovra era apparsa inadeguata per 5-6 miliardi di euro. Le modifiche adottate lungo il percorso furono sufficienti a ottenere un giudizio cautamente positivo, in una fase che veniva giudicata di grande debolezza per la Commissione, con procedure aperte anche verso Germania e Francia.

---

1 Giudizio sul rendiconto dello Stato per l'anno 2007, 26 giugno 2008.
2 A fronte dell'abolizione di sgravi per 830 milioni di euro, si aumentavano le detrazioni per i figli a carico, 1090 milioni.
3 Memoria orale del procuratore generale della Corte dei conti Furio Pasqualucci, 26 giugno 2008.
4 «Corriere della Sera», 17 giugno 2002.
5 «Bilancio di un ministro», su www.lavoce.info, 8 luglio 2004.
6 In una intervista alla trasmissione Rai «Unomattina».
7 Alla trasmissione «Radio anch'io».
8 Intervento al ciclo di incontri dell'Università Bocconi «I ministri del Te-

soro raccontano 50 anni di politica economica in Italia», Milano, 27 marzo 2007.

9 Audizione alle commissioni bilancio di Camera e Senato, 11 ottobre 2002.

10 Massimo Gaggi, «Corriere della Sera», 1° ottobre 2002.

11 Intervista a «la Repubblica», 11 novembre 2002.

12 Riportato su «la Repubblica», 12 novembre 2002.

13 Intervento al ciclo di incontri dell'Università Bocconi «I ministri del Tesoro raccontano 50 anni di politica economica in Italia», Milano, 27 marzo 2007.

14 Per 5 miliardi di euro.

15 Francesco Verderami, «Corriere della Sera», 3 ottobre 2003.

16 «Il Sole 24 Ore», commento del 17 dicembre 2003.

17 Roberto Petrini, «la Repubblica», 23 dicembre 2003.

18 Chi sapeva leggere le cifre aveva già capito che le cose si stavano mettendo male: «Il 2003 ha registrato (contrariamente alle previsioni) una crescita della spesa primaria, soprattutto nella componente delle retribuzioni pubbliche e in quella degli acquisti di beni e servizi, a testimonianza di quanto la ricerca del consenso e le difficoltà di governo della macchina amministrativa siano rilevanti nelle scelte concrete di finanza pubblica»; le «misure *una tantum* hanno ormai assunto nel panorama italiano un ruolo strutturale», «ben oltre la compensazione degli effetti negativi» esercitati sui conti pubblici dalla bassa crescita economica (*La finanza pubblica italiana. Rapporto 2004*, a cura di Maria Cecilia Guerra e Alberto Zanardi, il Mulino 2004).

19 Luigi Mayer, «la Repubblica», 9 aprile 2004.

20 Maria Teresa Meli, «Corriere della Sera», 3 luglio 2004.

21 Gian Antonio Stella, «Corriere della Sera», 9 ottobre 2004.

22 Marco Marozzi, «la Repubblica», 6 luglio 2004.

23 Intervento al ciclo di incontri dell'Università Bocconi «I ministri del Tesoro raccontano 50 anni di politica economica in Italia», Milano, 27 marzo 2007.

24 «Corriere della Sera», 3 agosto 2004.

25 Mario Sensini, «Corriere della Sera», 18 luglio 2004.

26 «La Stampa», 18 luglio 2004.

27 Fazio disse alle commissioni bilancio di Camera e Senato, il 13 ottobre 2004, che il tetto del 2 per cento pareva di applicazione complessa. Inoltre si mostrò diffidente verso la Ragioneria dello Stato: l'attuazione della regola del 2 per cento, disse, doveva essere sottoposta a un monitoraggio mensile, «che potrebbe essere affidato a un'alta Commissione».

28 «Corriere della Sera», 30 settembre 2004.

29 Circa lo 0,5 per cento del prodotto lordo.

30 Claudio Alò, «Il Messaggero», 6 ottobre 2004.
31 «Bollettino economico della Banca d'Italia», n. 43, novembre 2004.
32 Un caso esemplare fu quello della Sogei, la società che gestisce l'Anagrafe tributaria.
33 Roberto Giovannini, «La Stampa», 10 ottobre 2004.
34 Secondo calcoli della Ragioneria dello Stato, che causarono disappunto nel centrodestra, 15,6 milioni di contribuenti avrebbero ricevuto nel 2005 uno sgravio medio di 370 euro, crescente al crescere del reddito, 22 milioni non avrebbero ricevuto nulla e per altri 13 milioni ci sarebbe stato un lieve aggravio, circa 50 euro a testa in media.
35 Sarebbe stato necessario che Eurostat rivedesse un suo parere sul deficit delle Ferrovie (lo stesso che aveva portato alla quarta revisione del dato di deficit per il 2001) e accettasse di conteggiare l'Anas fuori dal settore pubblico senza che il governo avesse risolto la questione dei pedaggi.
36 «Corriere della Sera», 11 giugno 2005.
37 Tony Barber, «Financial Times», 11 giugno 2005.
38 «La Stampa», 16 luglio 2005.
39 Testimonianza del governatore Antonio Fazio alle commissioni bilancio di Camera e Senato, 22 luglio 2005.
40 «Il Sole 24 Ore», 15 luglio 2005.
41 Sergio Rizzo, «Corriere della Sera», 23 settembre 2005.
42 Intervento nell'aula del Senato, 4 ottobre 2005.
43 Per 1,1 miliardi si tagliavano le spese dei ministeri, per 800 milioni si imponevano alle imprese elettriche e del gas differenti piani fiscali di ammortamento dei macchinari (più gettito subito, meno negli anni successivi).
44 Testimonianza del governatore alle commissioni bilancio di Camera e Senato, 18 ottobre 2005. Nell'insieme, la spesa primaria corrente («primaria» vuol dire al netto degli interessi sul debito, «corrente» al netto degli investimenti) era in crescita del 4,7 per cento.
45 Fmi, *Italy 2005 Article IV Consultation, Concluding Statement*, 2 novembre 2005.
46 Il deficit sarebbe stato portato al 3,8 per cento del prodotto lordo nel 2006, tappa verso il rientro sotto il 3 per cento nel 2007.
47 «Il Sole 24 Ore», 13 ottobre 2005.
48 L'effetto netto dichiarato sul deficit saliva a 20,5 miliardi di euro, rispetto agli 11,5 iniziali; l'«indebitamento netto» del 2006 avrebbe dovuto ridursi al 3,5 per cento del prodotto lordo, perché il 3,8 per cento indicato in settembre dalle autorità europee era stato ritenuto insufficiente.
49 Alessandro Barbera, Giacomo Galeazzi, «La Stampa», 1° dicembre 2005.

Il risanamento a forza di tasse
(2006-2008)

Al convegno della Confindustria a Vicenza il 19 marzo 2006 Silvio Berlusconi si appellò alla base degli imprenditori contro le critiche che gli rivolgeva il presidente Luca Cordero di Montezemolo, e scatenò gli applausi («un trionfo, una cosa irripetibile, gli ho spaccato l'associazione, il minimo che potessi fare», disse poi ai collaboratori).[1] Eppure le imprese – tranne quelle appartenenti a Berlusconi stesso, e poche altre – non avevano ricavato grandi vantaggi dalle scelte del centrodestra. Secondo dati che Montezemolo rivelò dopo il voto, nel quinquennio i loro oneri fiscali erano cresciuti «di quasi mezzo punto del prodotto lordo», a fronte di uno sgravio «di quasi un punto» a favore delle famiglie.[2] Le politiche del centrodestra erano state assai più populiste che, come si dice in America, *pro-business*, favorevoli agli affari.

Fu quella la battaglia principale di una campagna elettorale nella quale i due schieramenti si contendevano l'appoggio della Confindustria, il più potente degli interessi organizzati, ancor più del consenso degli elettori. Romano Prodi, con ragionamento un po' astratto da economista, riteneva che la promessa di ridurre il «cuneo fiscale» saldasse gli interessi degli imprenditori e dei loro dipendenti. Si trattava di abbassare le tasse per gli uni e per gli altri, con i due scopi di rendere le imprese più competitive e di aumentare il potere d'acquisto dei lavoratori. Così il «cuneo» si aggiunse all'informe e soporifero programma di 280 pagine in cui l'alleanza di centrosinistra aveva cercato di stemperare tutte le proprie divergenze interne. L'uso di un termine tecnico – «cuneo» è la differenza tra il costo del lavoratore per l'impresa e il netto in busta paga – non aiutava a farsi capire.

Per coprire uno sgravio fiscale così massiccio, era chiaro fin da subito che si sarebbero dovute aumentare le tasse da qualche altra parte. La Casa delle libertà attaccò a fondo l'armonizzazione delle aliquote sulle rendite finanziarie, compresa nel programma dell'Unione, sostenendo che avrebbe danneggiato i piccoli risparmiatori. Era la stessa misura che il centrodestra aveva discusso al proprio interno, fin quasi ad adottarla, un anno e mezzo prima; in Italia tutto si dimentica molto presto. Sempre contando sulla memoria corta, anche dei mass media, lo stesso Berlusconi, che in campagna elettorale si era ingegnato a negare che il paese si fosse impoverito, passò a sostenere la tesi opposta qualche mese dopo, una volta che i suoi avversari si trovarono al governo.

Di nuovo Prodi spera nella buona stella

I conti pubblici dell'Italia erano sotto sorveglianza europea; durante la campagna elettorale la Commissione di Bruxelles si impegnò a guardare altrove. Appena dieci giorni dopo le elezioni del 9 aprile, l'allarme risuonò dall'altra parte dell'Atlantico. «Servono misure correttive urgenti» per il bilancio pubblico italiano, dichiarò il capo economista del Fondo monetario internazionale, l'indiano Raghuram Rajan. Il centrosinistra, vincitore di misura con una maggioranza fragilissima in Senato, si trovava secondo lui di fronte a «*tremendous problems*». Venne a galla che il Fmi era stato allertato dalla Banca d'Italia.[3] «L'allarmismo del Fmi è inutile, una manovra-bis non è necessaria», tentò dal centrodestra di parare il colpo Renato Brunetta, consigliere economico di Berlusconi. Tanto ce n'era, di allarme, che il «Financial Times» pubblicò un nuovo articolo in cui si immaginava l'Italia fuori dall'euro, nel 2015.

All'inizio Romano Prodi si illuse – come già nel 1996 – di

poter ottenere dalle autorità europee condizioni di favore. Il nuovo capo del governo voleva sfruttare a proprio vantaggio la stessa debolezza della Commissione che aveva reso gli uffici di Bruxelles indulgenti verso Berlusconi. Prodi sperava di allungare a tre anni, da due, il periodo per riportare il deficit sotto il 3 per cento del prodotto lordo: non nel 2007, ma nel 2008. Tommaso Padoa-Schioppa, appena insediato al ministero dell'Economia, ci si impegnò pur non credendoci. La risposta di Bruxelles fu no, nel giro di pochi giorni. Per veder chiaro nei conti pubblici, il nuovo governo nominò una commissione presieduta dall'economista Riccardo Faini, composta da esperti di Istat, Isae, Banca d'Italia, e delle due branche competenti del ministero, Ragioneria generale e Dipartimento delle finanze.

La commissione Faini terminò i lavori il 6 giugno. Il rapporto prevedeva il rischio di un deficit molto elevato a fine anno. Il governo Prodi 2 adottò una manovra correttiva che, con nuove entrate, ottenute soprattutto da provvedimenti antielusione, finanziava le spese di Anas e Ferrovie. Ma a fine anno il deficit, salvo che per l'effetto imprevisto di una sentenza europea sull'Iva per le auto aziendali, risultò invece abbastanza basso. Su questo si fondano la ripetuta affermazione di Berlusconi di aver lasciato «conti con i fiocchi» e l'accusa a Faini di aver sbagliato. Se si guarda al dettaglio, dal lato delle spese Faini ci aveva azzeccato in pieno. Furono invece le entrate a superare di molto le previsioni: occorre capire perché.

Ci vuole Dracula per far pagare le tasse?

Con misure antievasione e antielusione, il primo provvedimento importante del governo Prodi 2, il decreto Bersani-Visco di luglio, finanziava soprattutto le spese per strade (1 miliardo) e ferrovie (1,8 miliardi). Accanto, si dava via libera anche a qualche altra spesa non proprio indispensabile, come 600 milioni al Fondo per le politiche sociali delle regioni, e si istituivano tre nuovi fondi per famiglia, gioventù e pari opportunità, per accontentare tre ministri di nuova nomina con gli stessi incarichi. Per giunta, dopo aver toccato le cento persone tra ministri, viceministri e sottosegretari, ci si accorse che non c'era nessuno che seguisse la Legge finanziaria in Parlamento; comparve così un nuovo sottosegretario non politico nella persona del professor Nicola Sartor, preside della facoltà di Economia di Verona e amico di Padoa-Schioppa.

Ma già prima delle misure di luglio, le entrate fiscali avevano cominciato ad aumentare. Aumentarono più del previsto anche in altri paesi, in quella fase di ripresa economica. Non quanto in Italia, però. Il centrosinistra dà una spiegazione semplice: l'«effetto Visco». Ovvero, appena cambiato il governo, i contribuenti meno corretti si sarebbero subito precipitati a pagare un po' più di tasse, convinti che l'epoca del lassismo e della cuccagna, e soprattutto dei condoni, fosse finita; e che da allora in poi sarebbe stato meno facile evadere. In una certa misura un «effetto Visco» viene riconosciuto anche da osservatori indipendenti; ma è difficile arrivare a certezze. L'incremento delle entrate aveva cominciato a manifestarsi già dai primissimi mesi del 2006; divenne massiccio con l'autotassazione di giugno.

L'immagine di vampiro fabbricata addosso a Visco da tv e giornali vicini al centrodestra può aver giovato, tra il 2006 e il 2007, ad accrescere le entrate. Se è davvero così cattivo, un po' più di tasse occorre pagarle, si potrebbero essere detti i contribuenti abituati a essere poco ligi con il fisco. La prova se sia esistito o no un «effetto Visco» la si avrà nel 2008, nel caso si registri un calo delle entrate superiore a quello spiegato dal rallentamento dell'economia. Sarebbe un caso unico al mondo, che l'alternanza politica influisca tanto sui comportamenti tributari.

Anche i ricchi piangano

Il manifesto di Rifondazione comunista raffigurava un enorme yacht, un «ferro da stiro» bianco a tre ponti; si invitava il governo a «rispettare il programma, difendere i più deboli». Naturalmente su internet fiorirono subito le parodie, dove lo yacht era l'assai più piccola barca a vela del vicepresidente del Consiglio e ministro degli Esteri Massimo D'Alema. Il richiamo all'odio di classe nasceva dalla visione ideologica secondo cui il governo Berlusconi aveva favorito i «ricchi». Nei numeri non era così, salvo che per l'ultima modifica all'Irpef. Erano stati casomai favoriti i capitali nascosti all'estero, l'evasione fiscale, o le aziende di proprietà di Berlusconi stesso. Le disuguaglianze sociali risultavano aumentate negli ultimi anni, ma tra lavoratori autonomi, favoriti, e lavoratori dipendenti, sfavoriti, non invece tra ricchi e poveri in senso schematico.[4]

Il disegno di Legge finanziaria per il 2007 nacque nell'ombra di quel manifesto contro i ricchi. In partenza, sostiene ora Padoa-Schioppa, nella manovra non c'era l'idea di fare anche una redistribuzione tra strati sociali. Si cercava soltanto di ripartire con equità i sacrifici, che al momento sembravano necessari e in misura molto ampia; «del recupero di evasione fiscale non potevamo essere certi da prima». Ma per trovare l'accordo nella coalizione si fece strada la parola d'ordine per cui si sarebbe dovuto anche rimediare alle disuguaglianze sociali. Arduo era riuscirci, volendo rendere più competitive le imprese e nel contempo intervenire a favore dei salari. Tra i lavoratori era grande l'attesa che il centrosinistra avrebbe posto rimedio alla perdita di potere d'acquisto di salari e stipendi.

Nel suo primo Dpef, il 2007-2011, Padoa-Schioppa aveva annunciato il proposito di agire sui «quattro grandi comparti», ovvero previdenza, sanità, pubblico impiego, enti locali, che rappresentano circa l'80 per cento della spesa pubblica.[5] Il Dpef aveva annunciato «20 miliardi destinati alla riduzione del deficit e ben 15 a misure di promozione della crescita, della competitività e dell'equità sociale». L'economista Luigi Spaventa fu il primo ad accorgersi che le entrate fiscali mostravano una crescita «in buona misura inattesa», ragion per cui sarebbe stato meglio correggere la rotta. «L'entità della manovra necessaria per raggiungere gli obiettivi – scrisse all'inizio di agosto – sarà inferiore ai 20 miliardi netti indicati nel Dpef»; proprio perché «l'aumento delle entrate produrrà un aumento "spontaneo", e virtuoso, della pressione tributaria, sarebbe poco opportuno sommarvene un altro dovuto a inasprimenti di alcune aliquote».[6]

Per prudenza, Padoa-Schioppa fu molto lento ad ammettere che le entrate crescevano, e soltanto alla fine di agosto si persuase ad attenuare la stretta: a sorpresa annunciò che per ridurre il deficit 2007 sarebbero bastati 15 miliardi. Alcuni ministri politici lo considerarono un ingenuo: di fronte a una discussione difficile come quella di settembre sulla stesura del disegno di Legge finanziaria, sarebbe stato meglio tenere l'asso nella manica e giocarselo nel momento di maggiore tensione. Il ministro dell'Economia aveva preferito la sincerità, o meglio una prudente sincerità, fondata su una stima cauta delle maggiori entrate. Per il momento l'importo della manovra scese a 15 miliardi netti più 15 «per lo sviluppo», 30 in totale. Altri ministri, tra cui Bersani, si domandarono se anche la parte «per lo sviluppo» non fosse troppo alta; ma ormai gli accordi erano presi, e Prodi non volle cambiarli. Il presidente del Consiglio ragionò che, senza indorare la pillola con le spese in più, né il sistema politico né la società avrebbero accettato lo sforzo necessario a risanare il bilancio. Al contrario, l'evidenza delle molte spese in più fece suonare falsa la retorica del risanamento.

Sinistra e centro uniti, contro i tagli alle spese

Nel mantenere la promessa sul «cuneo», occorreva stabilire quanto sarebbe andato a favore delle imprese (meno tasse sul costo del lavoro) e quanto dei lavoratori (meno tasse sulla busta paga); dopo un'accesa discussione all'interno della maggioranza e con i sindacati, si stabilì 60 per cento e 40 per cento. In più, occorreva soddisfare ben tre distinte promesse che convivevano nel programma dell'Unione: 1) la vera e propria riduzione del «cuneo», che in teoria doveva riguardare tutti i lavoratori dipendenti; 2) uno specifico intervento per correggere la riforma Irpef del 2005, che aveva favorito i redditi alti; 3) la restituzione del «drenaggio fiscale» ossia dell'aggravio di imposta causato automaticamente dall'inflazione, che riguardava alcune fasce di reddito in particolare. Non era possibile contentare tutti; e infatti il governo Prodi 2 non ci riuscì.

I ministri della spesa bocciarono molte delle proposte portate da Padoa-Schioppa. Un risultato soddisfacente il ministro dell'Economia lo raggiunse soltanto sulla sanità, prima perché scelse di applicare le norme stringenti contro le regioni in deficit lasciategli da Tremonti, poi grazie alla collaborazione della collega della Salute, Livia Turco. I ministri della Pubblica istruzione, Giuseppe Fioroni (Margherita) e dell'Università Fabio Mussi (sinistra Ds) avevano fatto fronte comune. Non collaborò il ministro dell'Interno Giuliano Amato, che pure di sacrifici se ne intendeva: mise in chiaro che non avrebbe accettato tagli né alle prefetture né alle forze di polizia, l'85 per cento delle spese del suo ministero. Funzionò invece, si è visto dai risultati, la nuova versione del «Patto di stabilità interno» per frenare le spese degli enti locali.

La presenza, nella manovra, di un capitolo di maggiori spese «per lo sviluppo» aveva spinto ogni ministro a mettere questa etichetta sulle proprie richieste, la cui somma secondo il Tesoro giungeva a 60 miliardi. Nel testo presentato alle Camere l'importo della parte «per lo sviluppo» dovette salire a 18,6 miliardi di euro, tra contentini dati a questo o quel ministro; con l'intervento netto sul deficit di 14,8 miliardi, la somma arrivava a 33,4. Era compreso un miliardo in più per i contratti del pubblico impiego; la solita famelica lobby degli autotrasportatori, pronta a ricattare il paese con il blocco dei Tir, riceveva da subito 520 milioni. Una delle misure più bizzarre, altra complicazione della denuncia dei redditi, era lo sgravio al 19 per cento, fino a 210 euro, sulle spese sostenute dai genitori che mandavano i figli in palestra; l'aveva voluta il ministro per i giovani e per lo sport Giovanna Melandri.

Il progetto originario, disse il ministro dell'Economia, era rimasto «ammaccato», ma una correzione «strutturale» dei conti pubblici, che li faceva «uscire dalla zona rossa» comunque c'era.[7] Benché Visco recalcitrasse, conscio che sarebbe stato il primo a sopportarne l'impopolarità, la parte di risanamento affidata alle entrate fiscali era divenuta ancora più alta. Non c'erano tuttavia aumenti di aliquote o invenzioni di nuovi tributi: il grosso veniva dalla revisione degli «studi di settore» per il lavoro autonomo (3,3 miliardi) e dall'ampliamento di basi imponibili (2,1 miliardi). Le «settanta nuove tasse di Prodi» non sono mai esistite. Una sola, l'imposta di successione, ritornava, limitata ai patrimoni più grandi, dopo essere stata abolita da Berlusconi; l'unico aumento di aliquota previsto, quello sugli interessi di Bot e obbligazioni, alla fine non si fece.

Dare e avere: le imprese, i lavoratori

Il «cuneo» alle imprese fu alleggerito davvero, ai lavoratori no. Molti imprenditori però, in buona o in cattiva fede, sostennero il contrario. La loro idea era che i denari datigli da una parte, in sgravi all'Irap, gli venivano tolti da un'altra, con il versamento all'Inps di una parte dei nuovi accantonamenti per il Tfr.[8] Benché si trattasse di soldi di proprietà dei lavoratori, destinati a essere versati a loro prima o poi, gli imprenditori, abituati a considerarli una comoda risorsa finanziaria a basso costo per sé, gridarono alla «rapina». I calcoli dello stesso Centro studi della Confindustria dimostravano che non era così, che davvero il costo di versare il Tfr all'Inps era marginale. Con più precisione, la Banca d'Italia confermò 4,7 miliardi di benefici alle imprese contro appena 300 milioni di costi.

La sinistra estrema aveva chiesto il «risarcimento sociale» a danno dei ricchi; il centrodestra rinfacciava al governo che si trattava in realtà di una «vendetta sociale». Nelle cifre, invece, la redistribuzione non c'era. Le imprese industriali avevano ricevuto un beneficio netto, pur se continuavano a protestare. A favore dei lavoratori avrebbero dovuto operare le modifiche all'Irpef e agli assegni familiari. In concreto, per i redditi c'erano modesti vantaggi fino a 40-45mila euro annui, soprattutto dovuti all'aumento degli assegni familiari, e aggravi sopra questa soglia; anche per i lavoratori dipendenti c'era un aumento, seppur lieve, dei contributi Inps. Secondo un calcolo della Banca d'Italia, fatti tutti i conti il dipendente medio dell'industria avrebbe guadagnato 230 euro all'anno se con coniuge e due figli a carico, ne avrebbe persi 120 se singolo.[9]

Anche in versioni più benevole verso il governo, i benefici alle famiglie erano modesti. Quanto a usare l'Irpef per colpire i ricchi, si trattava di una mossa velleitaria. Solo lo 0,7 per cento dei contribuenti, meno di trecentomila in tutto il paese, dichiarava più di 100mila euro all'anno. Draghi giudicò la manovra giusta nella correzione al deficit, ma squilibrata nella composizione, perché c'erano troppo pochi tagli alle spese e troppi aumenti di entrate.[10] In quella fase nessuno prevedeva che l'intervento sul deficit potesse rivelarsi eccessivo, come invece avvenne. I dati sul gettito fiscale segnavano mese per mese aumenti, eppure il governatore ammonì a non considerare scontato il recupero dell'evasione: occorreva essere cauti, «attendere i risultati».

Chissà poi se era necessario sforzarsi tanto per aiutare la competitività delle imprese, riflettono ora gli economisti. Nel frattempo si è scoperto che i dati Istat sul crollo delle esportazioni erano inesatti. Il ruolo dell'Italia nel commercio internazionale sta declinando, ma non al ritmo precipitoso che si credeva allora.

Ottantamila parole alla partenza, centoquarantamila all'arrivo

Silvio Berlusconi la giudicò la peggiore Legge finanziaria della storia. Se si guarda allo spettacolo dato dal Parlamento, al record di lunghezza raggiunto da quel testo frammentato e confuso, e alla scandalo finale di un comma inserito di soppiatto per salvare alcuni politici calabresi corrotti, viene voglia di dargli ragione. Ma quella legge ha anche rimesso a posto i conti dello Stato rimediando in un solo anno ai guasti del quinquennio precedente. A consuntivo, il deficit 2007 si è ridotto addirittura più di quanto desiderato. Senza le successive correzioni di rotta, con ben tre aggiustamenti nel corso dell'anno, si sarebbe quasi azzerato: un fatto storico. Nonostante le spese in più inserite da una coalizione che proprio in quell'occasione si dimostrò di fiato corto, la dinamica complessiva della spesa pubblica è stata frenata quanto mai era avvenuto negli anni precedenti.

Il paradosso che la Legge finanziaria politicamente più caotica abbia risanato i conti serve anche a mettere nei giusti termini la questione del *suq* parlamentare. Con una maggioranza tanto fragile nei numeri, alla Camera e al Senato i maneggi, gli scambi di favori, i veri e propri ricatti toccarono forse un massimo. Eppure il grosso del danno risaliva a prima. Il disegno di Legge finanziaria 2007 era pesantissimo in partenza, gravato dai compromessi già stipulati all'interno del governo e negli incontri tra i partiti. Padoa-Schioppa aveva portato in consiglio dei ministri 140 articoli, ne uscì con 217, 82mila parole escluse le tabelle. In Parlamento il testo quasi raddoppiò a 146mila parole, quanto e più di un libro. L'allora presidente della commissione bilancio di Montecitorio, Lino Duilio (Pd) sostiene che in entrambe le Camere il grosso delle aggiunte all'iniziale «prodotto informe»[11] provenne dal governo.

Il «partito della spesa» aveva respinto i progetti più ambiziosi di Padoa-Schioppa; tuttavia non ha impedito a una gestione severa del Tesoro di ottenere, nel 2007, un primo lieve calo delle uscite correnti in proporzione al prodotto lordo. Questo avveniva dopo anni di continua crescita,[12] che il ministro conteggiava in «90 miliardi nei 5 anni del centrodestra»[13] con un freno, «in controtendenza», solo nell'ultimo anno, quello del ritorno di Tremonti sottoposto alla «procedura di infrazione» europea. Padoa-Schioppa era riuscito almeno a dire molti «no» alle spese più insensate; e per questo, fin dai primi giorni dell'esame in Parlamento nell'ottobre 2006, il mugugno dei politici contro di lui fu intenso e velenoso. A voler emendare il testo del disegno di Legge finanziaria cominciavano gli stessi ministri; Prodi chiese che tutte le proposte passassero prima per palazzo Chigi in modo da essere vagliate, e ne raccolse ben 254.

La droga della spesa

A Washington, il 1° novembre, il ministro del Tesoro Hank Paulson cercò di consolare Padoa-Schioppa, raccontandogli che anche nel Congresso americano l'esame del bilancio moltiplica gli emendamenti clientelari e gli scambi di favori. Vero: se c'è un paese dove la legislazione di spesa è caotica quanto in Italia, sono gli Stati Uniti, in tante occasioni citati a modello. La malattia si aggrava quando nel Congresso ha la maggioranza il partito avverso a quello del presidente, come accadde in capo a una settimana, con il voto del 7 novembre 2006. Non a caso, circa la metà dei contributi alla campagna elettorale era venuta da lobby a carattere locale o settoriale.

«C'è in Italia una intossicazione della spesa pubblica, che si tende a vedere come soluzione a tutti i mali», disse Alessandro Leipold, capo della missione del Fondo monetario, nella sua visita di metà novembre. Di critiche alla manovra il Fmi ne faceva molte; ma, a dispetto del centrodestra, considerava «in linea con le migliori esperienze internazionali» una aliquota unica sulle rendite finanziarie e appoggiava come «sacrosante» le misure di Visco contro l'evasione fiscale. Nella tesi del Fmi, era quello il momento giusto per risanare i conti, perché dopo anni l'Italia conosceva una ripresa economica, e le misure di austerità è meglio prenderle quando si avvertono meno. Nemmeno l'opposizione contestava che per rispettare gli impegni presi con l'Europa una correzione al deficit di 15 miliardi di euro fosse necessaria;[14] sosteneva solo che sarebbe bastato limitarsi a quella.

Il 2 dicembre, il centrodestra organizzò grandi manifestazioni di protesta «contro le tasse di Prodi». Scrisse un esperto commentatore economico come Mario Deaglio che in quella fase «l'indifferenza per l'interesse collettivo» mostrava «una sicura tendenza alla crescita», perché si avanzava «la richiesta generalizzata e generica di meno tasse» senza preoccuparsi di come «meno tasse possano conciliarsi con la gravissima situazione debitoria del paese».[15] Ma «la micidiale mistura di noncuranza della dimensione pubblica e di miope insistenza sulla dimensione del proprio privato» sulla quale la destra soffiava era, secondo Deaglio, anche responsabilità di un governo maldestro nel comunicare, e screditato dalla scelta di alcuni suoi esponenti di sfilare in cortei di protesta. Nonostante tutto l'economia cresceva e la Confcommercio prevedeva un Natale un po' più ricco «rispetto al grigiore del biennio 2004-2005», con «oltre 15 miliardi di maggiori acquisti di beni alimentari e non», ossia lo 0,5 per cento in più.

La finanziaria più lunga, e con una brutta sorpresa

Per ridurre a uno solo il voto di fiducia, il testo della finanziaria fu riscritto in un unico articolo di 1364 commi, un altro record (si scoprì poi che ce n'erano due uguali, il 436 e il 438). Il presidente della Repubblica Giorgio Napolitano protestò prima di firmarlo, come aveva fatto il suo predecessore Ciampi nel 2004 con una diversa maggioranza parlamentare. Si era ormai, disse Napolitano, «toccato il limite estremo di una prassi legislativa che sfugge alle possibilità di comprensione dell'opinione pubblica» e che «rende sempre più difficile il rapporto tra i cittadini e la legge». Una parte di ciò che fu approvato, come al solito, consisteva di parole al vento. La presidenza del Consiglio calcolò – con un'innovazione voluta da Prodi – che per attuare le disposizioni della Legge finanziaria 2006 sarebbero occorsi 346 provvedimenti attuativi. Il 31 marzo ne risultavano già presi 33; al 25 dicembre 130.[16] Per parecchi di quelli non ancora pronti erano già scaduti i termini prescritti.

Il grande scandalo fu il «comma Fuda», il 1343, così chiamato perché si sospettava che servisse a tirare fuori dai guai il senatore calabrese Pietro Fuda, vicino al presidente della Regione Agazio Loiero. Eletto nel centrosinistra dopo un passato nella destra, Fuda ora avrebbe potuto fare marcia indietro, anche a causa di oscure beghe politiche locali. Il comma stabiliva un'ampia prescrizione per i reati contabili; a norma di legge era materia estranea alla finanziaria. Era «un'amnistia di fatto per tutti i reati amministrativi», denunciò la capogruppo dell'Ulivo al Senato Anna Finocchiaro; ma emendamenti simili erano stati proposti da esponenti del suo gruppo. Benché il governo avesse dato parere negativo, una mano ignota (burocrati del Tesoro, o politici del Senato?) l'aveva inserita nella stesura finale del maxiemendamento governativo.

La spiegazione del ministero dell'Economia fu che il capo di gabinetto Paolo de Ioanna, uomo espertissimo, si era accorto di qualcosa che non andava, in due distinti commi; aveva chiesto lumi al sottosegretario alla presidenza Enrico Letta, il quale gli aveva ordinato di toglierli. Però il funzionario incaricato di correggere il testo, al quale era stato spiegato che la faccenda riguardava la Corte dei conti, ne aveva riconosciuto soltanto uno, perché nel 1343 la Corte dei Conti non era menzionata. Credibile? Si disse che in reati amministrativi erano implicati anche i ministri Rutelli e Lanzillotta; il ministro della Giustizia Clemente Mastella tentò di scagionare Fuda. Anche nel centrodestra qualcuno, come Vittorio Sgarbi, si sarebbe avvantaggiato della norma. Per abolirla il governo dovette approvare un decreto-legge apposito. La Corte dei conti calcolò che il comma Fuda avrebbe impedito di recuperare somme tra 0,9 e 3 miliardi di euro.

Chiuso lo scandalo, l'impopolarità della manovra restava. Un paese incattivito dal declino non sopportava più i sacrifici chiesti in nome del risanamento; ma più si sospetta che i politici vogliano usare i soldi a scopi di consenso, più ogni categoria o gruppo ne chiede per sé. Fecero capolino critiche a Prodi. «Indubbiamente, la presentazione della Legge finanziaria svolta dal presidente del Consiglio alla Camera del lavoro di Milano il 30 settembre ha alimentato l'impressione che la priorità della fase in corso fosse la redistribuzione del reddito» invece che ridare impulso alla struttura produttiva, scrisse l'economista Stefano Fassina, consigliere di Visco;[17] cosicché «è stato più facile per ciascun interesse organizzato, e per le pronte sponde presenti in Parlamento, rivendicare un pezzo della torta da ridistribuire».

Contrordine: abbiamo esagerato

Intanto le entrate fiscali aumentavano, ma Padoa-Schioppa esitava ad ammetterlo. In agosto, sulla base degli ottimi risultati dell'autotassazione di giugno, aveva alzato le previsioni di entrata per il 2007 di soli 5 miliardi, meno di quanto avrebbero fatto altri; quando l'autotassazione di novembre permise di sperare ancora di più, scelse di non cambiare nulla. Così si generò quello che poi si è rivelato il principale passo falso del governo Prodi 2: correggere i conti pubblici del 2007 in misura assai superiore al necessario. Una scelta poco saggia, da parte di un governo con una maggioranza così instabile.

Il primo a far sapere che le entrate fiscali superavano le già migliorate attese fu, dal centrodestra, Mario Baldassarri. «Per rispettare i parametri europei bastano 7 miliardi» di correzione netta al deficit, passò a sostenere il 6 dicembre l'economista di Alleanza nazionale. Quasi nessuno se ne accorse, poiché aveva parlato in un contesto in cui l'opposizione diceva tutto e il contrario di tutto, e le sue cifre non erano chiarissime. Al Tesoro sapevano che era vero; stettero zitti per non eccitare altri appetiti di spesa nella fase finale dell'esame della finanziaria. Piano piano la notizia cominciò a diffondersi: «Qualcuno sostiene che c'è stata una capacità del paese di rimettersi in movimento, e che la Legge finanziaria sia rimasta indietro; Lazzaro stava camminando, e noi stavamo organizzando il miracolo», ragionò l'8 dicembre il ministro dell'Interno Giuliano Amato, lanciando una frecciata a Padoa-Schioppa. Subito dopo, la parola «extragettito» fece per la prima volta la sua comparsa sui giornali.

L'11 dicembre, davanti alla commissione bilancio del Senato, il viceministro Visco fu prudente. Nel 2006 erano arrivati nelle casse del fisco 6 miliardi in più rispetto alle ultime previsioni, ma non si poteva sapere se l'extragettito fosse «strutturale», nel senso di permanente, ripetibile negli anni successivi; dunque l'entità della manovra 2007 non poteva essere ridotta. In una curiosa inversione di ruoli tra il rituale ottimismo dei governi e l'altrettanto rituale pessimismo delle opposizioni, Baldassarri si trovava a sostenere che invece «strutturali» lo erano. «In commissione il sottosegretario Sartor disse che le entrate in più c'erano ma le tenevano nascoste per prudenza; io in aula citai numeri dati da Visco ma Padoa-Schioppa rispose che si trattava di cifre fantasiose», racconta Baldassarri.

«Correggere la manovra in quel momento non era possibile. Sarebbe crollato quel poco che si era fatto per ridurre la spesa», sostiene Enrico Morando, allora presidente della commissione bilancio del Senato. Anche grazie al fatto di essere restato sulle vecchie previsioni, quando la finanziaria fu approvata in via definitiva Padoa-Schioppa poté vantare che nei grandi numeri della finanza pubblica, pur fra tutto quel pulviscolo di commi che distribuivano soldi di qua e di là, l'«assalto alla diligenza» era stato respinto. Meno di tutti, come al solito, ci capivano le agenzie internazionali di *rating* (che misurano l'affidabilità di chi emette titoli): Standard & Poor's in quegli stessi giorni giudicava la manovra del governo Prodi addirittura «inadeguata» a ridurre il deficit nella misura prevista. Stava diventando vero l'opposto.

Compare una parola odiosa: tesoretto

Il 2 gennaio 2007 i dati di chiusura dei conti dello Stato rivelarono a tutti che qualcosa di importante era accaduto. Il «fabbisogno finanziario del settore statale» calava in modo straordinario: appena 35,2 miliardi, rispetto ai 60 dell'anno prima, molto meglio di qualsiasi previsione. Il «fabbisogno» emergeva da una contabilità del tutto diversa da quella che serve per controllare il rispetto degli obblighi europei; però indicava una tendenza che quasi certamente si sarebbe manifestata anche lì. Il centrodestra tentò di approfittarne: era la prova che «abbiamo lasciato dei conti con i fiocchi», dichiarò Berlusconi il 3 gennaio. «Veramente, noi abbiamo trovato una procedura per deficit eccessivo con la Comunità europea e un debito pubblico che aveva ricominciato a crescere», ribatté Padoa-Schioppa.

Il governo aveva nettamente perso popolarità con la manovra 2007; il vertice di governo e Unione a Caserta, l'11 gennaio, non aveva riavvicinato riformisti e sinistra. Alcuni ministri continuavano a sperare in un recupero di popolarità quando si fossero viste le minori trattenute. Ma calcoli che comprendevano le addizionali comunali e regionali mostrarono poi che in concreto il beneficio sulle buste paga si sarebbe avvertito soltanto sotto i 26mila euro di reddito annuo:[18] operai, pensionati, la fascia più bassa degli impiegati. La spinta a cambiare rotta si rafforzò. Dall'analisi dei dati delle entrate fiscali del 2006,[19] Visco concluse che una parte dell'extragettito era permanente e si sarebbe ripetuta nel 2007. Si poteva dare il via ad alcuni sgravi. Lo sgraziatissimo termine «tesoretto» comparve per la prima volta sulle pagine di «la Repubblica» il 31 gennaio.[20]

Grosso modo, si poteva contare su 14-15 miliardi di euro in più. Diversi ministri politici proposero di intervenire subito con sgravi fiscali, per rimediare alla preoccupante crisi di consenso del centrosinistra. Restò fermo sul no Padoa-Schioppa, che temeva un altro assalto alle casse («dove ci sono i chicchi di granoturco arrivano i piccioni»). La riforma dell'Irpef non aveva dato nulla agli «incapienti», ovvero i redditi bassissimi che ne erano già esenti, e aveva irritato i redditi medio-alti che ora pagavano di più. Il ministro Giulio Santagata, fedelissimo di Prodi, tirò fuori l'idea di strappare a Berlusconi il tema dell'Ici; Rutelli se ne impadronì, sostenendo che poteva servire a recuperare i ceti medi. I Ds e un'altra parte della Margherita avrebbero preferito andare incontro ai redditi più bassi, con un assegno agli «incapienti» (ovvero, all'americana, un'«imposta negativa»), e con l'«assegno ai figli» di Rosy Bindi.

Padoa-Schioppa e lo scudo di Aiace

Si rivelarono infondate le accuse, venute anche dalla Confindustria, che una Legge finanziaria tanto pesante avrebbe soffocato la ripresa economica. La prima metà del 2007, sulla quale l'influsso della manovra di bilancio si sarebbe dovuto avvertire in pieno, segnò al contrario una ripresa dei consumi delle famiglie: dopo anni di ristagno, +0,4 per cento nel primo trimestre, +0,3 per cento nel secondo. I posti di lavoro registrati dall'Istat continuavano ad aumentare; la disoccupazione scese al minimo dal 1993. Solo più tardi, nella primavera avanzata, cominciò il rallentamento, che poi si aggravò con lo scoppio della crisi finanziaria il 9 agosto.

Proprio perché l'economia andava benino, la Commissione europea e la Banca d'Italia cercarono di dissuadere il governo da un cambio di rotta. Ma la maggioranza di centrosinistra era troppo fragile, esposta in Senato a ogni rischio, spesso salvata dai senatori a vita. In più si era aggiunta l'offensiva dei cattolici sulla famiglia, a cui Rosy Bindi e Vincenzo Visco tentarono di rispondere con l'idea della «dote fiscale» per i figli, un assegno unico dentro cui sarebbero dovuti confluire, accresciuti, gli assegni familiari e le detrazioni Irpef per figli a carico. Nasceva così una terza proposta per l'uso del «tesoretto», accanto alle altre due che già si combattevano, sgravio dell'Ici e intervento a favore dei redditi bassi.

Il «tesoretto» fu spartito nel modo accettato da Padoa-Schioppa: metà sarebbe restato in cassa per alleggerire la manovra 2008, metà sarebbe stato usato nel 2007. Politicamente, prevalse la Margherita (ormai in via di scioglimento per confluire nel Pd) e il governo prese l'impegno di alleggerire l'Ici sulla prima casa; però per procedere entro l'anno era ormai troppo tardi. Le risorse disponibili nel 2007 furono usate per misure che comportavano aumenti di spesa; di fatto accettando che nel 2007 la pressione fiscale complessiva raggiungesse un livello molto elevato, nella storia secondo soltanto al record toccato nel 1997.

Nacque così la «quattordicesima» per i pensionati poveri.[21] Per il resto, il decreto-legge che usava l'extragettito fiscale attenuava i tagli di spesa della manovra 2007, distribuendo 2,5 miliardi alle amministrazioni centrali, 0,3 agli enti locali, 0,2 alla pubblica istruzione per supplenze brevi del personale scolastico. Anas e Ferrovie ricevevano rispettivamente 500 e 700 milioni, altre imprese pubbliche 300. Si perdeva l'occasione di rispondere alla protesta antifisco con un immediato calo delle tasse. Con un voltafaccia simmetrico a quello del governo, il centrodestra passò dall'accusa di soffocare l'economia con una manovra troppo pesante a quella, opposta, di scialacquare a scopo elettorale.

Più soldi ai vecchi, meno ai giovani

Nel luglio 2007, i dati sull'autotassazione rivelarono un nuovo aumento delle entrate fiscali. Con le modifiche agli «studi di settore» adottate dal governo Prodi 2, commercianti, artigiani, piccole imprese avevano pagato di più. Le categorie più sospette di evasione cominciavano a dichiarare redditi meno inverosimili. Di nuovo si prospettava una chiusura dei conti 2007 migliore di quanto necessario per rispettare gli impegni presi con l'Europa: un *overshooting*, nell'inglese degli economisti. Padoa-Schioppa dichiarava «finita l'emergenza»; ma nello stesso tempo doveva evitare che la riforma delle pensioni, sulla quale si agitava l'ala sinistra della maggioranza, scaricasse oneri insostenibili sui bilanci degli anni futuri.

Sulla previdenza la trattativa si trascinò fino alla vigilia delle ferie estive, con il leader della Cgil Guglielmo Epifani reso insicuro dal dissenso dei metalmeccanici e sempre timoroso di essere scavalcato da Rifondazione comunista e dal Pdci. L'accordo che alla fine si concluse il 23 luglio allungava la vita lavorativa con un percorso più graduale di quello lasciato dal centrodestra, che però sarebbe arrivato più lontano. L'Unione era rimasta vittima del proprio programma contraddittorio, nel quale da una parte si chiedeva di «eliminare l'inaccettabile gradino» del 2008, dall'altra si riconosceva che era necessario un allungamento della vita lavorativa.

L'accordo causava un aggravio di 10 miliardi di euro distribuito in 10 annate, dal 2008 (poco) al 2017, per poi rientrare nel profilo di spesa precedente. Era meno di quanto il governo era sembrato sul punto di concedere qualche giorno prima, e con l'impegno a trovare le risorse non per mezzo di tasse ma all'interno del sistema previdenziale. Tuttavia, cedendo alla pressione di una fascia abbastanza ristretta di operai di grandi fabbriche, si decise di mandare a riposo 130mila persone di 58 o 59 anni, risorse che avrebbero potuto essere impiegate meglio.[22] Si sarebbe potuto destinarle ai giovani precari, ben più numerosi; ma i vecchi operai, attraverso i sindacati, avevano una capacità di pressione superiore. In alcune delle grandi fabbriche del Nord l'accordo fu bocciato.

Padoa-Schioppa era soddisfatto soprattutto di aver sbloccato, seppure a prezzo di un altro rinvio al 2010, una questione importantissima nel lungo periodo, l'aggiornamento dei coefficienti di calcolo per le pensioni contributive. Dal 2010 i coefficienti sarebbero stati rivisti ogni tre anni, sulla base del lavoro di una commissione in cui i sindacati sarebbero stati in minoranza. Senza averli toccati, alla scadenza di legge del 2005 il governo Berlusconi aveva fatto i conti di previsione come se li avesse aggiornati. Quindi le cifre sulla spesa previdenziale negli anni futuri inviate da Tremonti alla Commissione europea erano inferiori alla realtà.

Gli sgravi arrivano, ma troppo tardi

«Cominciamo a ridurre la pressione fiscale», divenne la parola d'ordine del governo Prodi 2 nel presentare la manovra 2008. Tra le diverse proposte aveva prevalso quella di Francesco Rutelli, abbassare l'Ici sulla prima casa, esentandone di fatto il 40 per cento delle famiglie; Visco, che preferiva l'«assegno per i figli», continua a considerarlo un grave errore. Di nuovo le imprese ottenevano molto: rispondendo alla sfida di Montezemolo, si abbassava dal 33 per cento al 27,5 per cento l'aliquota dell'imposta sulle società. Calava un poco anche l'Irap, dal 4,25 per cento al 3,9 per cento, e se ne semplificava il calcolo.

I conti dello Stato ormai andavano bene. Fu così che, per ridurre l'instabilità politica, si varò una manovra per l'anno successivo che aumentava il deficit, di 6,5 miliardi di euro, invece di ridurlo; la Commissione europea protestò. Dei circa sei miliardi di extragettito fiscale previsti per il 2008, circa la metà sarebbe stata restituita in sgravi. In tutto si riuscivano a decidere 4,7 miliardi di tagli, a fronte dei quali c'erano 8,6 miliardi di spese nuove.[23] Troppe? Padoa-Schioppa si difendeva sostenendo che per la prima volta le cifre erano state esposte in modo trasparente: tutte le aggiunte al bilancio a legislazione vigente erano state indicate. In altri tempi le spese che di fatto erano già decise sarebbero state infilate nel bilancio senza evidenziarle, e si sarebbe creata l'illusione di una manovra che riduceva il deficit.[24]

Nel 2008 le entrate fiscali al netto sarebbero diminuite di 2,6 miliardi, soprattutto a causa della più alta detrazione Ici per le famiglie che abitavano in casa propria e dello sgravio destinato a quelle in affitto.[25] Con garbo Draghi osservò che sarebbe stato meglio per l'economia ridurre altre imposte, piuttosto che l'Ici.[26] Molto impopolare, l'Ici in realtà non era gravosa specie dopo l'aumento di prezzo delle case negli ultimi anni. Spingeva a ridurla o abolirla soltanto la competizione politica, scatenata dalla promessa di Berlusconi nella campagna elettorale del 2006.

Al Senato sul filo di un voto o due

Era un brutto segno che al Senato la maggioranza fosse tanto divisa da aver presentato più emendamenti rispetto all'opposizione. Dal governo, il disegno di Legge finanziaria era partito in 97 articoli, 54mila parole. Il Senato, a cui questa volta toccava il primo esame, portò a 151 il numero degli articoli e a 82.500 le parole. A forza di compromessi, il voto di fiducia fu evitato. A ogni senatore o gruppo che minacciava di non votare la fiducia al governo fu dato un contentino più o meno consistente: tanto all'Udeur di Clemente Mastella, tanto ai liberaldemocratici di Lamberto Dini, tanto all'italo-argentino Luigi Pallaro, un po' anche al comunista dissidente Fernando Rossi, qualcosa anche per la Südtiroler Volkspartei e così via.

Non poteva mancare, come in ogni Legge finanziaria o quasi, un rincaro delle sigarette. I tecnici lo sconsigliavano, perché il prezzo dei tabacchi rischiava di raggiungere un livello al quale sarebbe diventato molto proficuo il contrabbando. Ma lo scopo non era spregevole, finanziare i rimborsi ai danneggiati da trasfusioni di sangue infetto, e prorogare il 5 per mille, ovvero la norma che consente di compiere un versamento per beneficienza nella dichiarazione dei redditi. Ma poi, in una seduta della commissione bilancio del Senato, il 5 per mille scomparve. Visco, che aveva offerto la copertura via sigarette, si infuriò contro i senatori della maggioranza, guidati dal relatore Michele Ventura, che avevano usato quei fondi per una serie di microstanziamenti. Il centrodestra fu pronto a sfruttare la delusione delle organizzazioni *non profit*.

Mastella ottenne di cancellare la riduzione del 30 per cento alle indennità dei magistrati, decisa l'anno prima; i senatori dell'Udeur Stefano Cusumano e Tommaso Barbato, gli stessi che poi si azzuffarono pro e contro la fiducia al governo, allora uniti dall'interesse agricolo, avevano strappato 2 milioni per l'apicoltura e 30 per l'industria della barbabietola. Un emendamento *bipartisan* faceva nascere l'albo dei chiropratici, e stabiliva che questa forma di medicina non scientifica potesse essere inserita nelle strutture del Servizio sanitario nazionale. I tabaccai, preoccupati delle rapine, ottennero un credito d'imposta per dotarsi di telecamere a circuito chiuso, ben l'80 per cento delle spese sostenute. Spesso l'intesa con le lobby comprendeva perfino il modo di comunicare la notizia. «Eliminata la gogna per i commercianti», scrissero le agenzie di stampa, recependo le parole dei senatori proponenti: in caso di chiusura d'autorità per mancata emissione dello scontrino fiscale, non sarebbe più stato obbligatorio affiggere un cartello che ne spiegava al pubblico i motivi.

Piste ciclabili, statistiche «di genere» e cortei in maschera

La Camera accolse con malumore, a fine novembre, il testo del Senato, perché le risorse per finanziare emendamenti parevano finite, e a Montecitorio il governo godeva di una maggioranza sicura. Il presidente della commissione bilancio, Lino Duilio (Pd), buon cattolico, cercò di attirare l'attenzione su un obiettivo più presentabile di altri: un aiuto alle famiglie numerose. Ebbe l'appoggio del ministro Rosy Bindi e riuscì a ottenere 1200 euro all'anno per chi aveva quattro o più figli; bastava uno stanziamento modesto, 180 milioni, perché ormai le famiglie numerose sono pochissime, circa 130mila. Amato riuscì a ottenere i fondi per comprare nuovi automezzi per Polizia e Carabinieri, e due aerei antincendio per i Vigili del Fuoco; le forze dell'ordine furono esentate dal taglio degli straordinari.

Nelle scelte dei parlamentari, si mischiavano l'Italia delle vecchie consuetudini e quella delle mode più recenti. Con un clientelismo da Strapaese che sembra inventato, un comma concedeva l'aliquota Iva agevolata ai cortei mascherati e alle manifestazioni in costume. Al femminismo si richiamavano i corsi per insegnare ai dirigenti dei ministeri come stilare un bilancio «di genere» (che evidenziasse la ripartizione degli interventi tra uomini e donne). Gli animalisti ottenevano un «Fondo per la repressione dei reati a danno degli animali». La Südtiroler Volkspartei era lieta dei 2,5 milioni a favore dell'«ostacolismo» a cavallo, perché una parte consistente sarebbe andata all'ippodromo di Merano. I sordi furono esentati dalla tassa sui telefonini (nessuno si stupisca: li usano per gli sms). Come ultimo atto, il governo dovette cedere al ricatto degli autotrasportatori, che si erano fermati provocando danni all'economia poi visibili nelle statistiche Istat sulla produzione: ebbero 30 milioni di euro.

In commissione bilancio gli articoli erano saliti a 217.[27] I maxiemendamenti sui quali il governo chiese una triplice fiducia raggruppavano, in tre articoli, 1193 commi. La lunghezza era di circa centomila parole, poco sotto il record dell'anno precedente. Ancora una volta il presidente della Repubblica si mostrò preoccupato: parlò di «clamorose distorsioni» attraverso «abnormi accorpamenti»; da tutte le parti politiche si espressero propositi di riforma. I 1193 commi contenevano 202 adempimenti che i ministeri avrebbero dovuto occuparsi di attuare, e molti altri ancora, difficili da contare, per enti pubblici vari, Regioni, Comuni; nonché 66 modifiche alla Legge finanziaria dell'anno precedente, 25 disposizioni di deroga, 10 di interpretazione autentica. Quanto alla spesa pubblica, nascevano 58 nuovi fondi con dotazioni per un totale di circa 3 miliardi di euro, tra cui 26 permanenti, 21 pluriennali, 8 solo annuali, e i rimanenti 3 di durata non specificata.

Ormai la legislatura era al capolinea. Ma nonostante il caos parlamentare, i conti pubblici hanno retto. Il 7 maggio 2008, la Commissione europea ha proposto di chiudere la procedura di deficit eccessivo contro l'Italia. Il giudizio dell'Ecofin ha confermato l'*overshooting* del governo Prodi 2: in soli 20 mesi, i conti pubblici erano stati corretti di tre punti «strutturali» di prodotto lordo, quasi il doppio dell'1,6 per cento richiesto nel luglio 2005 al governo Berlusconi 3. Solo una parte di questo miglioramento, 0,25-0,3 punti, era stato cancellato dalla manovra 2008, decisa in un momento di grande insicurezza politica. Al di là delle rituali polemiche all'alternanza dei governi, le grandi cifre della finanza pubblica per il 2008 sono risultate in ordine. Il centrodestra vi ha mutato assai poco, e ha confermato come «impegno della Repubblica» verso l'Europa gli obiettivi di Prodi e di Padoa-Schioppa. Anche nei mesi successivi al voto, il deficit pubblico è risultato in linea con le previsioni. Bisogna proprio stare attenti a non confondere le lucciole con le lanterne.

---

[1] Marco Galluzzo, «Corriere della Sera», 20 marzo 2006.

[2] «La Stampa», 11 giugno 2006.

[3] «La Stampa», 20 aprile 2006. Draghi e i suoi esperti avevano individuato il rischio che nel 2006 scendesse a zero l'«avanzo primario» del bilancio pubblico (differenza tra entrate e spese al netto degli interessi), con ripercussioni gravi sull'atteggiamento dei mercati verso il debito italiano.

4 Andrea Brandolini, su www.lavoce.info, 2 agosto 2004.
5 Documento di programmazione economico-finanziaria 2007-2011, p. 4.
6 «la Repubblica», 9 agosto 2006.
7 Intervista a «La Stampa», 2 ottobre 2006.
8 La misura l'aveva suggerita uno dei principali dirigenti della Ragioneria dello Stato, l'ispettore generale capo della spesa sociale Francesco Massicci; la presidenza del Consiglio l'aveva fatta propria con entusiasmo.
9 Testimonianza del governatore Mario Draghi alle commissioni bilancio di Camera e Senato, 12 ottobre 2006.
10 Nel conteggio che la Banca d'Italia fece in novembre, l'importo complessivo della manovra 2007 era salito a 34,4 miliardi di euro, 15,3 di correzione netta al deficit, 19,1 «per lo sviluppo». A copertura c'erano un incremento netto delle entrate di 18,8 miliardi (saldo di 23,9 di aggravi, ovvero 16,9 senza i 6 virtuali del Tfr all'Inps, e 5,1 di sgravi) e un incremento netto delle spese di 3,5 (13,9 di maggiori spese, 10,4 di tagli). Anche le spese a conti fatti venivano aumentate rispetto alla legislazione vigente. Oppure restavano pressoché invariate guardando alla sostanza, perché 1,8 miliardi di assegni familiari e altre prestazioni sociali dal punto di vista dei cittadini equivalevano a sgravi fiscali, e 1,4 miliardi alle missioni di pace delle Forze armate, lasciate a secco dalla finanziaria 2006, non si potevano negare (si lasciava l'Iraq per andare in Libano).
11 «Il Sole 24 Ore», 5 giugno 2007.
12 «Bollettino economico della Banca d'Italia», n. 52, aprile 2008.
13 Intervento al convegno dei giovani imprenditori della Confindustria, Capri, 7 ottobre 2006.
14 Discorso di Gianfranco Fini alla Camera, 19 novembre 2006.
15 «La Stampa», 18 dicembre 2006.
16 «Il Sole 24 Ore» on-line, 26 dicembre 2007.
17 «L'Unità», 21 dicembre 2006.
18 «Il Sole 24 Ore», 13 febbraio 2007.
19 Cresciute in tutto del 10,3 per cento.
20 Roberto Mania, «la Repubblica», 31 gennaio 2007.
21 A tre milioni di anziani oltre i 64 anni e con redditi mensili non superiori a 654 euro si concedeva una somma annuale in più, in media di 302 euro. La spesa era di 0,9 miliardi di euro.
22 Fino al luglio 2009, la pensione di anzianità si sarebbe potuta ancora ottenere a 58 anni con 35 anni di contributi, poi dopo un altro anno e mezzo a 59 ma con 36 anni di contributi; dal 2011, a 60 anni con 36 di contributi.
23 Le nuove spese comprendevano 2,2 miliardi ai contratti del pubblico impiego, 1,3 al welfare, 2,4 classificate come investimenti.

[24] Con il criterio delle «politiche invariate» adottato negli anni Ottanta, ha fatto notare l'economista Giuseppe Pisauro, sarebbe risultato un calo del deficit pubblico di mezzo punto dal 2,9 per cento al 2,4 per cento del prodotto lordo, invece di un aumento di due decimi, dal 2,2 per cento appunto al 2,4 per cento (www.lavoce.info, 9 ottobre 2007).

[25] Gli sgravi ammontavano a 300 euro all'anno fino a 15.500 euro annui di reddito, 150 fra 15.500 e 31mila.

[26] Testimonianza del governatore della Banca d'Italia alle commissioni bilancio di Camera e Senato, 10 ottobre 2007.

[27] Nell'insieme dell'esame parlamentare, l'effetto netto sul deficit risultava addirittura migliorato di 380 milioni, a prova di quanto sia aleatoria la contabilità pubblica italiana. A fronte di nuove spese per 3,1 miliardi, figuravano nuovi tagli alle spese per pressoché altrettanto; a 620 milioni di nuovi sgravi fiscali rispetto alla proposta del governo, se ne contrapponevano 920 di maggiori entrate.

Appendice

Come sono fatti gli emendamenti

Emendamenti-salvagente

Nei più loschi, non si deve capire nulla.

> 1343. Al comma 2 dell'articolo 1 della legge 14 gennaio 1994, n. 20, le parole: «si è verificato il fatto dannoso» sono sostituite dalle seguenti: «è stata realizzata la condotta produttiva di danno».

Questo, nella sua brevità, è uno dei più squallidi. È il cosiddetto «comma Fuda» della Legge finanziaria 2007, poi annullato da un successivo decreto-legge. A una prima lettura, sembra una delle tante norme che si fanno per eliminare incertezze burocratiche nell'interpretazione di una norma precedente. Invece serviva a far cadere in prescrizione i reati contabili commessi da pubblici funzionari. Salvava amministratori disonesti e provocava un danno, non computato, alle entrate dello Stato. Non è inutile aggiungere che nella XV legislatura il senatore Pietro Fuda guidava la «Commissione parlamentare per la semplificazione della legislazione».

Emendamenti-fotografia

Quando si eroga un micro-finanziamento, si cerca di non menzionare i beneficiari per nome, pur definendo requisiti che essi soli posseggono. Nel gergo parlamentare si chiamano «emendamenti-fotografia».

388. Per la valorizzazione, finalizzata alla fruizione, dei parchi archeologici siciliani inseriti nella «Lista del patrimonio mondiale» dell'Unesco è autorizzata la spesa di 1 milione di euro annui per un piano triennale di manutenzione straordinaria. La Regione siciliana, a cui sono trasferite le risorse di cui al presente comma, predispone entro tre mesi il predetto piano di manutenzione straordinaria.

Sono solo due i siti che ricadono nella definizione di questo comma dell'articolo 2 della Legge finanziaria 2008: l'area archeologica di Agrigento e la villa romana di Piazza Armerina.

Emendamenti-bandiera

Gli «emendamenti-bandiera» servono a segnalare la presenza di un gruppo politico promotore di particolari tematiche. Fra i più facili a scoprire sono quelli degli amici degli animali, presenti tra i Verdi ma anche in altre forze politiche. Nella Legge finanziaria 2007 c'è anche un comma destinato ai cani randagi e agli accalappiacani.

829. All'articolo 4 della legge 14 agosto 1991, n. 281, il comma 1 è sostituito dal seguente: «1. I comuni, singoli o associati, e le comunità montane provvedono prioritariamente ad attuare piani di controllo delle nascite incruenti attraverso la sterilizzazione. A tali piani è destinata una quota non inferiore al 60 per cento delle risorse di cui all'articolo 3, comma 6. I comuni provvedono, altresì, al risanamento dei canili comunali esistenti e costruiscono rifugi per i cani, nel rispetto dei criteri stabiliti con legge regionale e avvalendosi delle risorse di cui all'articolo 3, comma 6».

La legge del 1991 che si menziona è intitolata «Legge quadro in materia di animali di affezione e di prevenzione del randagismo». Fu approvata sotto il governo Andreotti 7, quando i Verdi avevano 13 deputati, un solo senatore, ed erano all'opposizione. Dunque, nel caso, gli amici degli animali erano altri.

Emendamenti-mancia

Gli «emendamenti-mancia» foraggiano clientele ben radicate, erogando denaro in forme poco controllabili. Ecco ad esempio quanto stabilisce la Legge finanziaria 2007, con tre successivi emendamenti, attraverso i quali si potrà sostenere che il governo si è dato da fare per il turismo.

> 1227. Per il sostegno del settore turistico è autorizzata la spesa di 10 milioni di euro annui per ciascuno degli anni 2007, 2008 e 2009 [...].
> 1228. Per le finalità di sviluppo del settore del turismo e per il suo posizionamento competitivo quale fattore produttivo di interesse nazionale, anche in relazione all'esigenza di incentivare l'adeguamento dell'offerta delle imprese turistico-ricettive la cui rilevanza economica nazionale necessita di nuovi livelli di servizi definiti in base a parametri unitari ed omogenei, nonché al fine di favorire l'unicità della titolarità tra la proprietà dei beni ad uso turistico-ricettivo e la relativa attività di gestione, ivi inclusi i processi di crescita dimensionale nel rispetto del patrimonio paesaggistico [...], e al fine di promuovere forme di turismo ecocompatibile, è autorizzata la spesa di 48 milioni di euro per ciascuno degli anni 2007, 2008 e 2009.
> 1229. È autorizzata la spesa di 2 milioni di euro per ciascuno degli anni 2007, 2008 e 2009, da assegnare all'Osservatorio nazionale del turismo [...] da destinare specificamente per le attività di monitoraggio della domanda e dei flussi turistici ed identificazione di strategie di interesse nazionale per lo sviluppo e la competitività del settore.

Nessuno controllerà se queste somme, peraltro una goccia nel mare, siano state usate bene. Probabilmente saranno spartite d'accordo con i vertici delle associazioni di categoria. Intanto l'Italia, dotata di beni artistici e naturali unici, scivola sempre più giù nella lista delle mete turistiche del mondo.

Fondi di spesa

La creazione di nuovi fondi di spesa è uno strumento prediletto dai ministri e dai ministeri. Con il pretesto di un qualche scopo encomiabile si può disporre di un piccolo gruzzolo da distribuire. Uno degli esempi più curiosi è il Fondo per le acque di rubinetto, creato dalla finanziaria 2008 al comma 334 dell'articolo 2. Si modifica la Legge finanziaria del 2007 aggiungendovi un comma 1284-bis:

> È istituito nello stato di previsione del ministero dell'Ambiente e della tutela del territorio e del mare un fondo a favore della potabilizzazione, microfiltrazione e dolcificazione delle acque di rubinetto [...] alimentato da un contributo di 0,5 centesimi di euro per ogni bottiglia di acqua minerale o da tavola in materiale plastico venduta al pubblico.

In teoria, è una buona idea scoraggiare il consumo dell'acqua minerale, specie perché le bottiglie di plastica sono tra i rifiuti più difficili da eliminare. In pratica con mezzo centesimo non si scoraggia niente, mentre si complica con nuovo tributo la vita dei contribuenti e il lavoro degli uffici del fisco. Il ministro dell'Ambiente disporrà di una somma fino a 5 milioni di euro da attribuire ai progetti più graditi.

Correzioni di rotta

Anche *lobby* piccole contano amici in Parlamento. Ad esempio in una norma per reprimere le scommesse clandestine sui cavalli il governo Berlusconi 3 si era dimenticato di coinvolgere l'Unire, l'Unione incremento razze equine, ente pubblico creato dal fascismo per promuovere l'ippica. A questo lo stesso centrodestra pose subito rimedio con la Legge finanziaria 2006, comma 424. Nello stesso tempo si revocava anche il divieto a ogni singolo concessionario di possedere più di cento agenzie di scommesse ippiche e sportive. La stessa maggioranza lo aveva approvato appena tre settimane prima; evidentemente, si era scoperto che disturbava qualcuno. Si trattava forse di una bega tra amici e nemici della Snai, la più grossa società di giochi e scommesse, quotata in Borsa.

Glossario

Avanzo primario

Per ripagare i debiti occorre incassare più di quanto si spende. A questo traguardo – l'attivo, o avanzo, di bilancio – l'Italia non è ancora arrivata, e chissà se mai ci arriverà. Il traguardo intermedio richiesto dalle regole europee è intanto far scendere il debito in proporzione al prodotto interno lordo. Per raggiungerlo occorre che gli incassi siano significativamente superiori alle spese salvo quelle per interessi. Questo è l'«avanzo primario»: ciò che resta sottraendo dalle entrate delle amministrazioni pubbliche le spese al netto degli interessi sul debito. È un parametro importantissimo per valutare la salute finanziaria di uno Stato. Dopo gli eccessi degli anni Ottanta, il bilancio pubblico dell'Italia è tornato ad avere un «avanzo primario» nel 1992, ma è tornato a ridurlo quasi a zero nel 2005; adesso è cresciuto di nuovo. Più è alto, più si è sicuri che il debito non cresca in rapporto al Pil. Il centrodestra preferisce altri parametri perché questo evidenzia i cattivi risultati ottenuti dai governi Berlusconi 2 e Berlusconi 3 dal 2001 al 2005.

Buco di bilancio

Quando in Italia i partiti al governo non cambiavano mai, gli scrittori Fruttero e Lucentini, in un loro umoristico dizionario di termini immaginari, sostennero che Buco di bilancio era un pittore del Trecento italiano, autore della «Maestà in Disavanzo del Convento della Santissima Dissipazione in Siena». Ora che c'è l'alternanza tra partiti rivali, è d'uso accusare il governo precedente di aver lasciato un buco nel bilancio pubblico. Non accade solo in Italia. Si tratta di un fenomeno frequente nei paesi mediterranei, con punte in Grecia e in Portogallo. Nel 2005 un buco è stato scoperto perfino in Germania; se ne è parlato meno perché i socialdemocratici, partito guida del governo uscente, fanno parte anche della grande coalizione che si è formata dopo il voto.

Non è corretto chiamare «buco» l'ammontare totale del debito. Una famiglia che non riesce a pagare le rate di un mutuo per la casa non ha un «buco» pari all'ammontare totale del mutuo; il «buco» è la cifra che manca per far tornare il bilancio annuale.

Cartolarizzazione

Può consistere nel cedere un credito a una società che si occupi di riscuoterlo, o cedere un edificio a una società che si occupi di venderlo. Il credito, o il bene, si trasformano dunque in titoli finanziari. Chi cartolarizza, azienda o Stato che sia, può subito esibire un bilancio migliore: questo è il principale movente. In Italia se ne sono fatte molte: chi era al governo vantava la propria abilità finanziaria, chi stava all'opposizione denunciava la «finanza creativa». Dopo anni, Eurostat, l'ufficio statistico europeo ha deciso che nei bilanci pubblici la cartolarizzazione va considerata un trucco contabile.

Debito e deficit

Molti politici che ne parlano si confondono. Deficit è quanto le amministrazioni pubbliche spendono ogni anno più di quanto incassano: una cifra dell'ordine di qualche decina di miliardi di euro. Il debito è la massa di titoli di Stato con cui si è preso denaro in prestito per coprire il deficit: oltre 1600 miliardi di euro. Il debito italiano è per ammontare il terzo del mondo, dopo Stati Uniti e Giappone (il Giappone ci supera non solo in cifra assoluta, ma anche in percentuale rispetto al prodotto lordo). In teoria il debito dovrebbe corrispondere alla somma di tutti i deficit accumulati negli anni passati. In pratica non è esattamente così, perché si misurano con criteri diversi. Il debito risulta dalla somma dei fabbisogni (vedi). La confusione è favorita dal fatto che la misura tecnica europea del deficit si chiama «indebitamento netto» (vedi).

Dpef

Con il Documento di programmazione economico-finanziaria il governo dovrebbe impostare la sua politica economica dei successivi quattro anni, o anche cinque all'inizio della legislatura. Il Dpef espone, prima dell'estate, le grandi linee di ciò che sarà la Legge finanziaria per l'anno successivo. È un testo di oltre cento pagine in cui alle complicate analisi economiche degli esperti del Tesoro si aggiungono le promesse dei politici. Regolarmente assicura che nel giro di alcuni anni il deficit pubblico scomparirà, obiettivo che non si è mai realizzato. Secondo alcuni è inutile. Anni fa Giulio Tremonti si vantò che l'avrebbe ridotto a una sola pagina e a una sola tabella; né lui né altri ci sono riusciti. L'idea nuova è ora di associarlo a provvedimenti concreti, per sgravarne la finanziaria.

Emendamento

Ciascun deputato o senatore può presentare proposte di modifica alla Legge finanziaria, purché siano «coperte»: le nuove spese, o minori entrate, devono essere compensate con tagli ad altre spese, o con altre entrate. Altrimenti gli emendamenti sono inammissibili. Ma valutare la copertura richiede spesso margini di discrezionalità: ad esempio, non è facile capire in che misura una spesa messa in bilancio per l'anno tale verrà erogata davvero. Alla Ragioneria generale va l'ultima parola. Il peso politico di un parlamentare si misura in quanti emendamenti riesce a far passare.

Eurostat

Ha sede a Lussemburgo ed è l'ente statistico dell'Unione europea. Oltre a raccogliere le statistiche nazionali e a confrontarle, controlla che siano compilate con criteri omogenei e credibili. Negli ultimi anni ha bocciato espedienti di «finanza creativa» adottati da diversi paesi.

Fabbisogno

Il primo giorno di ogni mese il ministero dell'Economia comunica quale è stato il «fabbisogno del settore statale» nel mese precedente; ovvero quanto lo Stato ha speso in più rispetto ai suoi incassi. Nei mesi dei grandi versamenti fiscali, di solito, non c'è fabbisogno, si crea anzi una «disponibilità» da spendere nei mesi successivi. Però il fabbisogno di tutto l'anno non coincide con il deficit sul quale controllare il rispetto del Patto di stabilità europeo, che si chiama «indebitamento netto» (vedi). C'è una relazione tra le due cifre, ma sono diversi sia il tipo di contabilità sia l'insieme delle spese e delle entrate di cui tenere conto.

Finanza creativa

Un esempio tipico di finanza creativa è vendere il palazzo dove è collocato un ministero e poi pagare l'affitto a chi l'ha comprato. Difficilmente una famiglia farebbe lo stesso con la propria casa, e con buone ragioni. Ma lo Stato ci guadagna una grossa entrata in contanti che può andare a riduzione del proprio debito; mentre saranno più modeste le somme che dovrà spendere anno per anno. Nell'immediato, il trucco funziona. Nel medio periodo, in genere, no: lo Stato ci perde. L'affitto annuale che si paga è in genere, come suggerisce la teoria economica, più alto degli interessi risparmiati sul debito che si è potuto cancellare. La Sogei, società a partecipazione pubblica che gestisce l'Anagrafe tributaria, lo ha sperimentato nel concreto. Insomma, il buon senso vede giusto. Altri espedienti di finanza creativa sono più complessi, ma il motivo di fondo è sempre far apparire il bilancio migliore di quello che è. In Europa, secondo uno studio dell'Ocse, il record della finanza creativa ce l'ha la Grecia, seguita dal Portogallo e poi dall'Italia.

Fondo monetario internazionale

Al Fmi, con sede a Washington, aderiscono quasi tutti i paesi del mondo, salvo Cuba e la Corea del Nord. Ha il compito di garantire la stabilità finanziaria internazionale; per questo ogni anno va a guardare nei conti pubblici dei paesi membri per vedere se sono in ordine. La lettera al governo che conclude la missione annuale spesso formula critiche; in Italia fa più notizia che in altri paesi avanzati. Negli anni Ottanta il Fondo monetario aveva invano avvertito dei guai in cui il paese si stava cacciando. Il Fmi, però, non ha il potere di sanzionare i comportamenti che biasima; salvo che un paese sia beneficiario dei suoi prestiti, come all'Italia è avvenuto negli anni Settanta.

Indebitamento netto

Questo è il termine tecnico per indicare il deficit pubblico annuale nella versione valida per il rispetto delle regole europee. Non a caso, è di origine tedesca (*neuverschuldung*). Si ricava da una contabilità di tipo statistico, diversa da quella del bilancio pubblico italiano, e non a caso tenuta dall'Istat. Negli anni scorsi, in diversi paesi si sono creati problemi di interpretazione, sui quali la decisione spetta ad Eurostat, l'ente statistico europeo (vedi). Non bisogna cercare l'indebitamento netto nella Legge finanziaria o nella legge di bilancio, perché lì non compare; e per anni le Camere hanno operato al buio, senza conoscere il legame tra ciò che votavano e gli obblighi europei. Ora per gli emendamenti alla finanziaria la Ragioneria generale tenta di calcolare l'effetto sull'indebitamento netto.

Indebitamento netto corretto per il ciclo

Nella nuova versione, il Patto di stabilità europeo tiene conto anche degli alti e bassi dell'economia (il ciclo) e dei provvedimenti a carattere temporaneo (le *una tantum*). Attraverso calcoli complicatissimi, i tecnici definiscono questo deficit «strutturale». Nel biennio 2006-2007 Padoa-Schioppa lo ha ridotto di quasi tre punti di prodotto lordo, con una correzione seconda solo a quella di Dini e di Ciampi tra il 1995 e il 1997.

Legislazione vigente

Secondo la legge di contabilità voluta da Carlo Azeglio Ciampi, in vigore dal 1999, le previsioni di bilancio per l'anno successivo si devono fare «a legislazione vigente». Dunque se il governo ha promesso di fare una data spesa, ma il Parlamento non ha ancora approvato la legge, quella spesa non può comparire. È un sistema più chiaro ma ha qualche inconveniente: ad esempio l'opposizione protesterà che nel bilancio ci sono spese «sommerse», che non sarà possibile evitare di inserire più tardi. Prima del 1999, invece, si facevano le previsioni «a politiche invariate», criterio dai vasti margini di arbitrio che legittimava a priori molte spese non necessarie. Con il calcolo «a politiche invariate» si mettevano in scena le finte stangate degli anni Ottanta, che in realtà non riducevano il deficit. La Legge finanziaria per il 2008 «a legislazione vigente» ha aumentato un poco il deficit, «a politiche invariate» avrebbe fatto finta di diminuirlo.

Ocse

Non è un censore, ma un consigliere, l'Organizzazione per la cooperazione e lo sviluppo economico, con sede a Parigi, che raggruppa i trenta paesi più industrializzati del mondo. Quando si esprime sulla finanza pubblica italiana, è difficile che dia giudizi tali da dispiacere ai governi. Il suo compito è raccogliere dati e studiare i problemi. Certe volte ha fatto errori madornali, come quando – nel caso dell'Italia – tra i costi del licenziamento per le imprese calcolò anche il Tfr, che è invece parte stabile della retribuzione. Ripete sempre che occorre riformare i sistemi previdenziali; ma dai suoi dati risulta che l'Italia sta meno peggio di altri. Dove stiamo malissimo, nel confronto con gli altri paesi avanzati, è sul livello di istruzione.

Patto di stabilità europeo

Se tra gli Stati che condividono la stessa moneta uno è troppo in deficit, danneggia anche gli altri. Provoca una spinta all'inflazione da cui può derivare un rialzo dei tassi di interesse, comuni a tutta l'area. Per questo da quando c'è l'euro è in vigore il Patto di stabilità europeo. Non solo il deficit deve essere mantenuto entro la soglia di Maastricht, ossia il 3 per cento del prodotto lordo, ma deve in prospettiva ridursi a zero. Nell'applicazione pratica il traguardo del pareggio, per gli Stati che non ci sono arrivati da soli, si è spostata sempre più in avanti. All'inizio occorreva arrivare al pareggio nel 2003, poi mano a mano la data è slittata. Ora è al 2010, con deroga ufficiosa all'Italia per il 2011; ma la Francia rischia di non arrivarci nemmeno nel 2012, e forse si deciderà una nuova dilazione.

Patto di stabilità interno

Per rispettare le regole europee, occorre contenere non solo le spese dello Stato, ma anche quelle degli enti locali. Il Patto di stabilità interno ha questo scopo; se ne sono succedute diverse versioni, anche a causa dell'alternanza dei governi. Ultimamente pare che funzioni; ma se si avanza verso il federalismo fiscale occorrerà ripensarlo da capo.

Pressione fiscale

Al contrario di quanto si può supporre, la pressione fiscale delle statistiche non comprende solo i tributi. Con i soli tributi (tasse, imposte e balzelli vari) si parla di pressione tributaria, che arriva a poco meno del 30 per cento del prodotto lordo. Nella pressione fiscale complessiva si aggiungono anche i contributi sociali, in gran parte destinati alla previdenza: si arriva così al 43 per cento del prodotto lordo, cifra leggermente superiore alla media europea. La pressione sale, ovviamente, anche quando gli evasori evadono di meno.

Procedura di infrazione

L'Ocse consiglia, il Fmi biasima; l'unico potere sovranazionale che può anche punire l'Italia è, ovviamente, l'Unione europea. La Commissione europea propone la «procedura di infrazione» contro gli Stati che violano il Patto di stabilità, e il Consiglio dei ministri economici dell'Unione (Ecofin) la approva. Insomma sono i governi a giudicare i governi; il che da una parte dà legittimità democratica al giudizio, dall'altra implica, almeno in certi periodi, un po' di indulgenza. L'Italia alla procedura di infrazione è stata sottoposta nel luglio 2004 e ne è uscita nel maggio 2008. I risultati si sono visti. Già la Legge finanziaria per il 2006, anno di elezioni, resa più severa dalla sorveglianza della Commissione europea, non ha avuto un carattere smaccatamente elettorale. La finanziaria del 2007 è andata addirittura oltre le richieste europee.

Programma di stabilità

È un documento che ogni governo dell'area euro invia ogni anno alla Commissione europea per spiegare come intende rispettare il Patto di stabilità. In Italia consiste in pratica in una traduzione in inglese delle parti essenziali del Dpef, aggiornate se serve, con l'aggiunta di alcuni tecnicismi.

Saldo netto da finanziare

Le prime righe di ogni Legge finanziaria stabiliscono il livello massimo del «saldo netto da finanziare». Se ne parla solo lì e gli stessi economisti ci fanno poca attenzione. È un deficit anche quello, ma misurato secondo il criterio di competenza tipico della contabilità pubblica italiana: differenza tra le spese finali e le entrate finali che in termini di legge si riferiscono a quell'anno. Subito dopo, la Legge finanziaria stabilisce il «livello massimo di ricorso al mercato finanziario». È una cifra molto più alta perché comprende anche il rinnovo dei debiti che vengono a scadenza nell'anno.

Sessione di bilancio

Ciascuna delle Camere esamina il disegno di Legge finanziaria in una «sessione di bilancio» durante la quale non possono essere approvati altri provvedimenti di spesa. Alla Camera dura 45 giorni se è il primo dei due rami del Parlamento a discutere la finanziaria, cioè in genere dal 1° ottobre al 15 novembre; e 35 giorni se il primo esame è toccato al Senato. I tempi di calendario del Senato sono leggermente diversi.

Settore statale e settore pubblico

Nella contabilità pubblica, il «settore statale» comprende i bilanci dei ministeri, quelli degli organi costituzionali, più la Tesoreria, cioè il sistema che gestisce i flussi di cassa con gli altri enti pubblici. Più ampio è l'aggregato della «pubblica amministrazione» che comprende anche gli enti pubblici nazionali (Enea, Cnr, eccetera), le aziende autonome statali, gli enti previdenziali, e tutti gli enti locali compresi gli enti che da loro dipendono. Un terzo aggregato, più ampio ancora, il «settore pubblico» include anche le aziende municipalizzate.

Spread

Nel gergo finanziario, è la differenza di un tasso rispetto a un altro tasso; si misura in punti base, ossia in centesimi di percentuale. Lo *spread* dei titoli di Stato italiani rispetto a quelli tedeschi, reputati i più solidi d'Europa, dovrebbe esprimere il maggior rischio di prestare soldi alla Repubblica italiana piuttosto che alla Repubblica federale tedesca. Quando c'era la lira, lo *spread* reagiva molto agli eventi italiani; Carlo Azeglio Ciampi si vantò di averlo fatto scendere parecchio. Oggi il giudizio del mercato è piuttosto all'ingrosso, per gruppi di paesi: l'Italia sta vicina al Portogallo, un po' meno peggio della Grecia.

Tendenziale e programmatico

Nei documenti di finanza pubblica, il bilancio tendenziale raffigura ciò che nell'anno o negli anni successivi accadrebbe se il governo non facesse nulla; quello programmatico tenta di prevedere ciò che accadrà se i provvedimenti del governo avranno l'effetto voluto. Anche il tendenziale può essere poco realistico, perché molto dipende da quanto è sensata la previsione di crescita del prodotto lordo che gli fa da base. Una previsione di crescita alta fa sottovalutare il deficit, perché gonfia le entrate fiscali. Il bilancio programmatico può essere costruito con prudenza o con ottimismo. Nella realtà, è molto raro che il consuntivo finale del bilancio sia migliore del programmatico; eppure è successo, nel 2007.

Finito di stampare
nel novembre 2008 presso
Rotolito Lombarda SpA - Pioltello, Milano